Federico Fellini

ICH BIN FELLINESK

Gespräche mit Costanzo Costantini

Aus dem Italienischen, Französischen
und Englischen übersetzt und herausgegeben
von Thomas Bodmer

Kampa

Die französische Originalausgabe erschien 1995 unter dem Titel *Conversations avec Federico Fellini* bei Éditions Denoël.

Für den Blick hinter die Verlagskulissen:
www.kampaverlag.ch / newsletter

German edition published by arrangement with
Michael Gaeb Literary Agency

www.kampaverlag.ch
Satz: Pagina GmbH, Tübingen
Gesetzt aus der Stempel Garamond LT
Druck und Bindung: GGP Media GmbH, Pößneck
Auch als E-Book erhältlich
ISBN 978 3 311 14015 3

»Ich habe, seit ich groß bin, immer davon geträumt, es zu einem Adjektiv zu bringen. ›Fellinesk‹ nennen mich die Amerikaner also. Wie schmeichelhaft!«

Federico Fellini,
Corriere della Sera, 30. März 1993

INHALT

EDITORISCHE NOTIZ

Von den in diesem Band enthaltenen Gesprächen gibt es verschiedene Fassungen. Die erste erschien 1995 auf Französisch unter dem Titel *Conversations avec Federico Fellini* bei Editions Denoël. Im selben Jahr erschien auf Englisch *Fellini on Fellini* bei Faber & Faber. 1996 folgte auf Italienisch *Fellini: Raccontando di me* bei Editori Riuniti.

Die vorliegende deutschsprachige Ausgabe ist eine Art Frankenstein-Version, die Elemente aller drei Ausgaben kombiniert und Passagen weglässt, die nur für italienische Leserinnen und Leser von Belang sind. Bei den Interviews wird unter dem Titel jeweils angegeben, wann sie entstanden sind. Für die übrigen Texte ist anzunehmen, dass sie aus der Zeit zwischen 1993 und 1995 stammen.

Die Anmerkungen betreffen Dinge, die man nicht mit Leichtigkeit im Internet finden kann.

T. B.

VORWORT

Federico Fellini begegnete ich zum ersten Mal in den Fünfzigerjahren. Ich interviewte ihn für die römische Tageszeitung *Il Messaggero*, deren Redaktion in der Via di Tritone lag. Ihr damaliger Chefredakteur war Vincenzo Spasiano, ein Neapolitaner, der als Magier des Journalismus galt. Er harrte bis in die frühen Morgenstunden im Büro aus und ging nur ab und zu auf einen Kaffee in die Nachtbar Settebello am Largo Tritone. In diesem Lokal, wo die Nacht alle möglichen Gestalten anspülte, lernte er den Regisseur aus Rimini kennen, und die beiden waren einander sofort sympathisch. Als ehemaliger Reporter mochte Fellini Zeitungen sehr und begleitete Spasiano deshalb gern in die Redaktion, wo er sich am liebsten in der Setzerei oder in den unterirdischen Räumen mit den Druckmaschinen aufhielt. So kannte man ihn bei der Zeitung, und auch wir beide verstanden uns von unserer ersten Begegnung an gut.

Ab Mitte der Fünfzigerjahre interviewte ich Federico jährlich zweimal oder öfter, meist wenn er einen Film anfing sowie nach Abschluss der Dreharbeiten. Wir trafen uns mal hier, mal dort: am Set in der Cinecittà, in seinen Büros in der Via della Croce, der Via Sistina und am Corso d'Italia; in Restaurants, in seinen Häusern in Rom oder seiner Villa in Fregene, dem nahe Rom gelegenen Badeort, wo er 1951 seinen ersten Film *Lo sceicco bianco* (dt. *Die bittere Liebe* oder *Der weiße Scheich*) gedreht hatte. Wir trafen uns aber auch sonst, unabhängig von der Arbeit.

Im April 1975, gleich nachdem bekannt geworden war,

dass er den Oscar für *Amarcord* (dt. *Amarcord*, 1973) erhalten hatte, rief ich ihn an und bat ihn um ein Interview.

»Was soll ich dir schon sagen können? Ich habe nichts zu sagen, ich weiß nicht, was sagen, das musst du mir glauben, ehrlich.«

»Ich bitte dich, Federico.«

»Das ist der vierte Oscar, den ich unverdienterweise bekommen habe, ich kann doch nicht immer das Gleiche wiederholen.«

»Mir reichen zehn Minuten, auch fünf.«

»Dann komm halt morgen früh um neun in die Via Sistina. Aber ich sage dir noch einmal: Ich habe nichts zu sagen.«

Kurz vor neun war ich in seinem Büro.

»Tut mir leid, dass du umsonst gekommen bist«, sagte er, drückte meine Hand und umarmte mich.

Nach kurzem Schweigen fügte er hinzu:

»Ich weiß wirklich nicht, was ich dir sagen soll.«

Nach einem weiteren kurzen Schweigen fläzte er sich auf das Sofa und wies auf einen daneben stehenden Stuhl.

Dann redete er ohne Punkt und Komma bis um 13:30 Uhr.

Plötzlich fiel ihm ein, dass er zum Essen verabredet und bereits verspätet war. Er stand auf und sagte: »Entschuldige, aber ich muss weg. Es tut mir leid, dass ich jetzt gehen muss. Mit dir fühle ich mich so wohl. Du gehörst zu den wenigen Menschen, mit denen man ein echtes Gespräch haben, Ideen austauschen, kommunizieren kann.«

Ich hatte während der ganzen Zeit nur sechs Wörter gesagt: »Entschuldige, aber ich muss mal kurz.« Ohne sich vom Fleck zu rühren, hatte er auf den gewünschten Ort gezeigt, und nach meiner Rückkehr redete er weiter.

Es war faszinierend, ihm zuzuhören: Außer ihm konnte vielleicht nur Jorge Luis Borges beim Reden so ungewohnte, leuchtende und verführerische Horizonte eröffnen. Auch Roberto Rossellini, der einzige Cineast, dem Fellini den Titel

»Maestro« zugestand, konnte außerordentlich gut reden. Aber der Schöpfer von *Roma, città aperta* (dt. *Rom, offene Stadt*, 1945) und von *Paisà* (1946), Filmen, an denen Fellini als Co-Drehbuchautor und Regieassistent mitgewirkt hatte, sprach außer über seine Abenteuer und Missgeschicke auch über andere Menschen, wohingegen sein Schüler nur von sich redete, von seinem Innenleben und von dem berückenden imaginären Kosmos, dessen absoluter Herrscher er war.

»Er lügt auch dann, wenn er die Wahrheit sagt«, hieß es über ihn. Und er selbst sagte: »Viele sagen, ich sei ein Lügner, aber die anderen lügen auch. Die größten Lügen über mich habe ich von anderen gehört. Ich könnte sie entlarven, aber da ich ein Lügner bin, würde mir niemand glauben.« Er kultivierte das Lügen im Sinne von Oscar Wilde, der es als Ausdruck von Phantasie, Erfindungsreichtum und künstlerischer Schaffenskraft betrachtete.

Die australische Essayistin Germaine Greer schrieb, Fellini sei der italienischste aller Cineasten, wenn nicht gar der italienischste aller Italiener. Er vereinte in sich alle unsere Widersprüche: offen und verschlossen, extravertiert und introvertiert, ausufernd und zurückgezogen; mehrdeutig, ausweichend, ungreifbar. Je öfter man ihn sah, desto weniger kannte man ihn. Je mehr man mit ihm zu tun hatte, desto weniger verstand man ihn. Je näher man ihm kam, desto weniger konnte man ihn festnageln. Der Eindruck, den er auf einen machte, veränderte sich ständig, wie bei den verschiedenen Flächen eines Prismas. Hatte man das Gefühl, einen festen Punkt erreicht zu haben, geriet alles wieder in Bewegung, wurde nebulös, und man musste von vorn anfangen. Eine Sisyphusarbeit.

Seine Stimme war sanft und schmeichlerisch; um die Aufdringlichen abzuwehren, konnte sie leicht und fein werden wie die einer abgeschieden lebenden Nonne, eines Beichtvaters oder Psychoanalytikers; sie konnte ebenso gut den

Ton eines Therapeuten wie den eines Patienten annehmen, er umgarnte seine Gesprächspartner mit der Sprache eines Magiers, konnte so Frauen wie Männer, Freunde wie Feinde, Produzenten wie Financiers verführen und verwirren, und all dies mit dem Ziel, seine Spuren zu verwischen.

Er war immer derjenige, der ein Gespräch bestimmte, auch wenn er zerstreut und geistesabwesend zu sein schien, verzagt, lustlos, nervös, verstimmt oder in seinen Hirngespinsten verloren: Er führte dich, wohin er wollte, auf verschlungene Wege, in undenkbare Diskurse und verblüffende Abschweifungen. Doch immer nur an den Rand seines Ichs, nie ins Zentrum seines Universums, ins Innerste des Labyrinths.

Von 1990 an wurde meine Beziehung zu Federico Fellini viel enger als zuvor. Ich wurde sein ständiger Begleiter, offiziell und halboffiziell, sein »persönlicher Reporter«. Er war der einzige Mensch der internationalen Szene, dem gegenüber ich die kritische Haltung, die für das Metier des Journalisten unabdingbar ist, sozusagen aufgab.

Mitte Oktober 1990 begleitete ich ihn nach Tokio, wo er den Praemium Imperiale entgegennehmen sollte, das asiatische Gegenstück zum Nobelpreis. »Ich würde lieber zwanzig Millionen im Canova annehmen als hundertfünfzig in Tokio«, sagte er vor der Reise und bestätigte einmal mehr seinen Widerwillen dagegen, Rom zu verlassen. (Canova ist das berühmte römische Café an der Piazza del Popolo, wo er gern Freunde und Bekannte traf.) Dies sollte die zweitlängste Reise sein, die er je unternommen hatte. Ein paar Jahre zuvor war er nach Tulum in Mexiko gereist mit der Absicht, einen Film auf Basis der Berichte von Carlos Castaneda zu drehen. Aus dem Projekt wurde nichts. Doch auf die Reise nach Tokio ließ er sich ohne größere Umstände ein.

»Es war die reinste Odyssee«, sagte er nach der Ankunft, während Fotoreporter und Fernsehkameras ihn und Giulietta Masina ins Visier nahmen. Doch gleich darauf, nach einer kurzen Ruhepause, zeigte er sich in Hochform. »Es tut mir leid, dass ich während des Flugs keine kleine Rede vorbereiten konnte, aber die Reise war dafür schlicht zu kurz«, sagte er in einem der Salons des Okura, des luxuriösesten Hotels von Tokio, zur Eröffnung der Pressekonferenz vor der Preisverleihung. Dann unterhielt er die Anwesenden mit allerlei Geschichten sowie seiner Lieblingstheorie über die Entstehung von Kunst: »Der Praemium Imperiale«, sagte er, »führt die glorreiche Tradition der katholischen Kirche fort, die begriffen hatte, dass ein Künstler ein ewig Pubertierender ist, den man mit Schmeicheleien und Drohungen dazu bringen muss, unsterbliche Meisterwerke zu schaffen.« Auf Fragen von Journalisten gestand er, das zeitgenössische japanische Kino nicht zu kennen, dasjenige seines Freundes Akira Kurosawa hingegen sehr gut. Er zitierte eine Sequenz aus *Rashomon* (1950) als Beleg dafür, wie der große japanische Regisseur über die scheinbare Wirklichkeit hinausgehe, um zu tieferen und spirituelleren Wirklichkeiten vorzustoßen und dem Kino so sein zugleich abenteuerliches und sakrales, visionäres und geheimnisvolles Wesen zurückzugeben.

Am nächsten Tag plauderten Federico Fellini und Giulietta Masina mit dem Publikum, das zu einer Vorführung von *La voce della luna* (dt. *Die Stimme des Mondes*, 1990) gekommen war, und lieferten sich ein unterhaltsames ehelich-professionelles Scharmützel.

»Giulietta ist meine ideale Darstellerin, meine Inspiration, eine geradezu magische Präsenz in meinem Werk«, sagte der Regisseur.

»Er lügt: Ich habe mich immer davor gehütet, einen Fuß an den Set eines Films zu setzen, an dem ich nicht mitwirkte, denn meine Anwesenheit hätte ihm nicht behagt«, entgegnete die Schauspielerin.

»Giulietta ist meine Beatrice[1]«, sagte der Regisseur und lächelte seiner Gattin süß und heuchlerisch zu.

»In Tat und Wahrheit haben wir die Aufgaben aufgeteilt«, sagte die Schauspielerin, »am Set ist Federico der uneingeschränkte Herrscher, zu Hause herrsche ich. Doch für meine Herrschaft im Haushalt hat Federico mich einen hohen Preis zahlen lassen. Ich habe mir nie gefallen: Ich bin winzig klein, habe ein rundes Gesicht und widerspenstiges Haar. Als er *La strada* (dt. *Das Lied der Straße*, 1953) vorbereitete, träumte ich davon, dass er mich wie die Garbo oder Katherine Hepburn aussehen lassen würde. Stattdessen hat er mein Gesicht noch runder gemacht, mein Haar noch widerspenstiger, und er hat mich noch winziger gemacht. Er hat mich zu einem Punk *avant la lettre* gemacht.«

»Ich habe dich verführerischer als Jean Harlow und Marilyn Monroe gemacht«, widersprach der Regisseur.

Die Schauspielerin erwiderte: »Wie Sie wissen, mag Federico monumentale, üppige, kurvenreiche Frauen. Aber gerade weil ich so klein und dünn bin, ist es mir gelungen, mich unter diese lebenden Statuen zu schmuggeln, verkleidet als Gelsomina, Cabiria, Giulietta und Ginger, und mich so genüsslich an ihm zu rächen.«

Das Publikum brach in tosenden Applaus aus, Fellini wechselte das Thema und nutzte die Gelegenheit, um Kurosawa die Reverenz zu erweisen. Er erzählte, er habe am Vorabend im Sony-Haus noch einmal den Film *Konna Yume Wo Mita* (dt. *Akira Kurosawas Träume*, 1990) gesehen und sei erneut überwältigt gewesen von der Sequenz, in

1 Beatrice ist die große inspirierende Figur in Dante Alighieris Werken *Vita Nuova* und *La divina commedia*.

der Van Gogh, dargestellt von Martin Scorsese, in eines seiner Gemälde hineingehe. Er fügte hinzu: »Das ist eine unvergessliche Sequenz, und wer weiß, vielleicht werde auch ich eines Tages das High-Definition-Verfahren verwenden. Früher oder später werde ich nicht drum herumkommen, allein schon um den Präsidenten von Sony, Akio Morita, loszuwerden, der mir hier in Tokio Tag und Nacht auf den Fersen ist und mich, wenn ich in Rom bin, mit Briefen und Telegrammen bombardiert.«

Bevor sie nach Kyoto weiterreisten, wurden Federico Fellini und Giulietta Masina von Kurosawa ins Ten Masa eingeladen, das im Stadtteil Kanda gelegene Restaurant, wo Kaiser Hirohito mittags zu speisen pflegte. Fellini erzählte danach: »Hirohito, dieser Gott auf Erden, geheimnisvoll und undurchschaubar, aß heimlich im Ten Masa, weil er heißen, knusprigen Fisch mochte. Im Kaiserpalast aber lag die Küche so weit entfernt vom Speisesaal, dass der Fisch, wenn er auf den Teller kam, immer schon kalt war. So haben auch die Götter ihre Achillesfersen. Dante hätte Hirohito in den Höllenkreis der Gefräßigen geschickt.«

Im März 1993 begleitete ich Fellini und Masina nach Los Angeles. Vom Beschluss der Academy of Arts and Sciences, ihm den Oscar für sein Lebenswerk zuzuerkennen, hatte er genau an seinem 73. Geburtstag erfahren, also am 20. Januar, und dieses Zusammentreffen machte ihn sehr glücklich. »Es wäre eine nicht entschuldbare Unhöflichkeit, wenn ich auch diesmal nicht persönlich nach Hollywood reiste, um die sagenhafte Statuette in Empfang zu nehmen«, sagte er. Und obschon er an einer Spondylarthrose der Halswirbelsäule litt und deswegen immer wieder Schwindelanfälle hatte, machte er sich guten Mutes auch auf diese lange Reise.

Wir bestiegen das Flugzeug am 26. März um 14 Uhr. Begleitet wurde Fellini neben Giulietta Masina außerdem von

Marcello Mastroianni, dem Maler Rinaldo Geleng und dessen Frau, seiner Sekretärin Fiammetta Profili und dem Leiter seiner Presseabteilung, Mario Longardi (im selben Flugzeug befand sich auch Gillo Pontecorvo, der als Leiter des Filmfestivals von Venedig ebenfalls zur Oscarverleihung eingeladen worden war). Ein kleiner Künstlerfamilien-Clan, der auf dem Flugplatz wie im Flugzeug mit großer Herzlichkeit begrüßt wurde. An Bord vermied es Fellini, aufzustehen, aus Angst vor seinen Schwindelanfällen; er schrieb, zeichnete, witzelte und schwelgte mit Masina und Mastroianni in Erinnerungen. »Mein lieber Federico, auch ich leide an Schwindeln: Morgens beim Aufstehen habe ich das Gefühl, auf Treibsand zu gehen oder einem Teppich aus Eiern«, sagte ihm der Schauspieler.

»In meinem Gesundheitszustand ist es eine echte Herausforderung gewesen, mich auf diese endlose Reise einzulassen: Mir dreht sich der Kopf, ich schwanke«, sagte der Regisseur mit leiser Stimme, nachdem er am 27. März um 17:30 Uhr Ortszeit seinen Fuß auf festen Boden gesetzt hatte, bevor Kameraleute und Reporter über ihn herfielen und die anwesenden Zuschauer ihn mit einem Riesenapplaus empfingen. »Ich komme wie Groucho Marx daher, aber noch ist der Zeitpunkt meines Ruhestands nicht gekommen.« Und dann fügte er hinzu: »Es hat auch mit Autosuggestion zu tun: Je mehr ich an die Spondylarthrose meiner Halswirbelsäule denke, desto schlechter fühle ich mich – so kommt es mir jedenfalls vor. Aber jetzt bin ich erst einmal glücklich, hier zu sein. Ich hätte es auf keinen Fall versäumen dürfen, diesen Preis der Preise persönlich abzuholen, eine so bedeutende Anerkennung meines Gesamtwerks, um nicht zu sagen meines ganzen Lebens.«

Während der drei Tage, die Fellini in Los Angeles verbrachte, wurde das Beverly Hilton Hotel, in dem er wohnte, zu einer wahren Pilgerstätte: Sämtliche Regisseure Hollywoods wollten ihn treffen, mit ihm reden, Komplimente austauschen, ihm ein langes Leben wünschen und eine baldige Rückkehr an einen Set. Doch viele sahen ihn nur am Nachmittag des 29. März im Dorothy Chandler Pavilion, wo die Oscar-Verleihung stattfand.

Die dortige Ankunft von Fellini, Masina und Mastroianni ist unvergesslich: Auf beiden Seiten einer Avenue, auf der ein roter Teppich ausgerollt war, und auf zwei riesigen Tribünen linkerhand drängten sich über zweitausend Fotografen und Kameraleute. »Federico!«, »Giulietta!«, »Marcello!«, riefen sie den Vorbeigehenden zu, um deren Blick in Richtung ihrer Objektive zu lenken, und hantierten mit ihren Kameras, als seien es Kriegsgeräte. Der Kopf schwirrte einem vor lauter Getümmel, es war ein schwindelerregendes Chaos, ein gigantisches Babylon mit Autos, Lastwagen, schwenkbaren Scheinwerfern, Blitzlichtern, einer Menge in psychomotorischem Aufruhr, Herren in Smokings, Damen in langen Kleidern, während am grau dräuenden Himmel Hubschrauber in geringer Höhe schwebten und Anhänger einer Sekte, von puritanischem Furor gepackt, verkündeten, das Kino sei ein Machwerk des Teufels und müsse zerstört werden. Die Szene zog sich zwanzig Minuten lang hin, bis die illustren Gäste den Saal des Dorothy Chandler Pavilion erreichten. Kein anderer Regisseur oder Autor, keine Schauspielerin oder Diva, kein Schauspieler oder Star hatte einen vergleichbar verrückten Tumult ausgelöst. Es war wie eine Art poetische Vergeltung für das, was der Regisseur Anita Ekberg in *La dolce vita* (dt. *Das süße Leben*, 1959) zugemutet hatte – aber ins Maßlose ausgeweitet und jegliche filmische Phantasie übertreffend.

Der schönste und berührendste Moment der ganzen Zeremonie kam, als Fellini von der Bühne des Dorothy Chandler Pavilion zu Masina, die in der siebten Reihe saß, sagte: »Hör auf zu weinen«, und die Scheinwerfer das tränenüberströmte Gesicht der Schauspielerin beleuchteten: das Gesicht von Gelsomina, der unvergesslichen Figur aus *La strada*, dem Film, für den der italienische Filmemacher im weit zurückliegenden Jahr 1957 seinen ersten Oscar erhalten hatte.

Costanzo Costantini

RIMINI, KINDHEIT UND JUGEND
1990

Rimini, was löst dieses Wort bei dir aus?

Die Erinnerung an das Pfeifen eines Zugs, des Zugs, der abends gegen sieben meinen Vater heimbrachte. Ich bereue es etwas, dass ich eingewilligt habe, über meine Heimat zu sprechen. Ich habe das Gefühl, nichts zu sagen zu haben. Wie macht man das, von Dingen berichten, die es wirklich gibt? Mir ist wohler, wenn ich erfinde. Das reale Rimini, wo ich meine Kindheit und Jugend verbracht habe, vermischt sich mit dem erfundenen, neu geschaffenen, das ich für meine Filme in der Cinecittà rekonstruiert habe oder aber im alten Viterbo oder in Ostia. Die beiden Erinnerungen überlagern sich, und ich kann sie nicht mehr unterscheiden.

»Wie macht man das, von Dingen berichten, die es wirklich gibt? Mir ist wohler, wenn ich erfinde.«

Hast du an Rimini keine realen, objektiven Erinnerungen?

Im Sommer in der blendend hellen Sonne halbnackte Körper, die Richtung Meer laufen, in einem tönenden Gewirr von Stimmen, Musik und dem metallischen Schnarren eines Lautsprechers, der den Namen eines Mädchens wiederholt, das seinen Eltern abhanden gekommen ist. Im Winter der Nebel, der alles verschwinden lässt. Was für ein aufregendes Erlebnis: Du wirst zum Unsichtbaren, man sieht dich nicht, und somit bist du gar nicht da.

Bis in welches Alter kannst du dich zurückerinnern?

Bis drei oder vier. Ich erinnere mich an die Nonnen von San Vincenzo, bei denen ich in den Kindergarten ging. Wie könnte ich sie vergessen, mit ihren gigantischen Hauben? Ich erinnere mich auch an Giovannini, den Grundschullehrer. Bei dem mussten wir die Faschistenhymne *Giovinezza, giovinezza, primavera di bellezza* singen.

Kannst du dich erinnern, wo du ins Gymnasium gegangen bist?

Nicht an die Straßennamen, aber an das Monument für die Gefallenen neben dem Gymnasium: Eine muskulöse Männerfigur aus Bronze reckte einen Dolch gen Himmel, auf ihrer einen Schulter lag etwas unbequem eine nackte Frau: der Ruhm. Wenn es regnete, lugten wir unter unseren Regenschirmen hervor und betrachteten diesen schönen großen Hintern, der dank des Wassers glänzte, zu pulsieren, lebendig zu sein schien. Und dann die Treppen des dunklen Gebäudes, einer Art heruntergekommenen Wolkenkratzers, die wir emporrannten und dabei laut schrien, als seien wir malaysische Tiger[2], bis wir in den Hintern getreten

2 Anspielung auf den Piraten Sandokan, genannt »der Tiger von Malaysia«, eine Figur des italienischen Karl May, Emilio Salgari (1862–1911).

wurden vom Rektor, einem Zwei-Meter-Mann, knochig, gebeugt, mit einem großen roten Bart: eine Mischung aus Mangiafuoco[3] und Zeus, der uns am liebsten wie Mistkäfer auf den Treppenstufen zertreten hätte.

Welche Fächer mochtest du am liebsten?

Schon in der Grundschule hatte ich zu kritzeln begonnen, angeregt von den Comics in der Kinderzeitschrift *Corriere dei Piccoli* und später den Romanen von Salgari. Zeichnen und Kunstgeschichte mochte ich sehr. Ich machte Skizzen, Karikaturen, Witzzeichnungen. 1936, also mit 16, zeichnete ich Karikaturen von Balilla[4]-Jungen in ihrem Ferienlager. Die wurden ein Jahr später in einer Balilla-Zeitschrift veröffentlicht. Das sind meine Anfänge als Zeichner und Karikaturist. Im selben Jahr eröffnete ich zusammen mit dem Maler Demos Bonini beim Dom eine Künstlerwerkstatt, in der wir Karikaturen auf Bestellung anfertigten. Ich machte die Zeichnungen und signierte mit »Fe«, Demos malte sie aus und signierte mit »Bo«. Wir ließen sogar einen Stempel mit dem Schriftzug »Febo« anfertigen. Manchmal signierte ich auch mit »Fellas«, wer weiß, warum.

Wer waren deine Vorbilder unter den Zeichnern und Karikaturisten?

Der größte Karikaturist war für mich Giuseppe Zanini, genannt Nino Za. Er lebte in Berlin und zeichnete dort für die Satirezeitschrift *Lustige Blätter*. Die bekam man auch in Rimini, und die haben wir uns immer am Bahnhofkiosk ge-

3 Wörtlich: »Feuerfresser«, der Marionettentheaterbesitzer in Carlo Collodis Kinderroman *Pinocchio*.

4 Faschistische Jugendorganisation.

kauft. Später zog er nach Rimini, wo er auf der Terrasse des Grandhotels Karikaturen zeichnete. Er war für mich eine legendäre Figur. Er trug weiße Hosen, Segeljacken und weiße Handschuhe. Er empfing nur nach Vereinbarung und zeigte nie, was er am Zeichnen war. Die Karikatur übergab er erst, wenn er einen entsprechenden Scheck in der Hand hatte. Er war eine Art internationaler Playboy der Karikaturszene. Leider habe ich ihn in Rimini nicht persönlich kennengelernt, sondern erst später in Rom, wo wir dicke Freunde wurden.

»Von klein auf haben mich Maler fasziniert, und in den erwähnten Jahren habe ich ernsthaft daran gedacht, Maler zu werden. Ich hatte nicht vor, Drehbuchautor oder Filmregisseur zu werden.«

Hast du in jenen Jahren mit dem Gedanken gespielt, Maler zu werden?

Von klein auf haben mich Maler fasziniert, und in den erwähnten Jahren habe ich ernsthaft daran gedacht, Maler zu werden. Ich hatte nicht vor, Drehbuchautor oder Filmregisseur zu werden. Es ist dann anders gekommen, aber ich habe nie aufgehört, zu zeichnen, Karikaturen, Witzzeichnungen, Skizzen aller Art zu machen. 1937 oder 1938 bestellte der Besitzer des Kinos Fulgor bei mir eine Reihe von Karikaturen damaliger Stars, vor allem amerikanischer, zu Werbezwecken.

In welchem Alter hast du die ersten Flirts gehabt?

Die erste erotische Erfahrung habe ich mit sieben oder acht Jahren gehabt. Wir hatten damals ein Dienstmädchen namens Marcella. Sie war ein stattliches Weibsstück und hatte etwas Animalisches an sich. Eines Tages ging die ganze Familie – Vater, Mutter, mein Bruder Riccardo, der ein Jahr jünger war als ich, und meine Schwester Maddalena, die 1929 geboren war – weg, nur ich blieb zu Hause, weil ich Fieber hatte. Meine Mutter befahl Marcella, bei mir von Zeit zu Zeit das Fieber zu messen. Ich war eingeschlafen, als Marcella mein Nachthemd hochhob, meinen Pimmel in die Hand nahm und ihn sich in den Mund steckte. Dann ging sie in die Küche, packte eine riesige Aubergine, steckte sie sich zwischen die Schenkel und rieb sie hin und her. Ich habe seither nie mehr Auberginen essen wollen.

Ich hatte eigentlich von Flirts geredet; in welchem Alter hast du den ersten Flirt gehabt?

Im Gymnasium, aber das war ein Flirt aus der Ferne, ein rein visueller Flirt. Ich hatte damals dieselben Schulkameraden, die ich schon in der Grundschule, ja zum Teil schon im Kindergarten gehabt hatte: Luigi Benzi (der »Titta« aus *Amarcord*), Luigi Dolci, Mario Montinari. Luigi Benzi ist heute ein angesehener Strafrechtler, doch als ich drei Jahre alt war und wir beide bei der Mole am Strand im Wasser saßen, versuchte er, mich mit einer kleinen Holzschaufel zu erschlagen. Aber zurück zum Gymnasium: Damals habe ich mich in die »Elf-Uhr-Frau« verliebt. Immer um diese Zeit gingen die Fensterläden des kleinen Balkons gegenüber der Schule auf, und eine wunderschöne Frau im Morgenmantel wurde sichtbar, die sich mit der Katze, den Kanarienvögeln im Käfig und den Blumen in der Vase unterhielt. Wenn sie sich bückte, um den Blumen frisches Wasser zu geben, öffnete sich der Morgenmantel etwas und man sah ihr ins Dekolleté. Von halb neun an lauerten wir auf diesen Augenblick. Der Mathematiklehrer, der, die Hände auf dem Rücken, ständig zwischen den Bänken auf und ab ging und so mehrere Kilometer pro Stunde zurücklegte, bemerkte manchmal unsere Blicke, ging zum Fenster und blickte hinaus, wobei er ständig auf den Zehenspitzen auf und ab wippte.

Aber welches war deine echte erste Liebe?

Bianchina.

Diese Bianchina ist zu einer mythischen Figur geworden wie die Silvia von Leopardi[5].

Das war ein Mädchen aus Fleisch und Blut, ein schönes Mädchen. Sie hieß mit vollem Namen Bianchina Soriani. Meine Liebe für sie drückte ich in Zeichnungen aus. So stellte ich sie und mich dar, wie wir Arm in Arm durch Alleen gingen, wie die Liebespaare des Zeichners Peynet, oder wie wir von der Mole aus zum fernen Horizont Richtung Jugoslawien blickten. In den Siebzigerjahren hat Bianchina ihre Geschichte dann im Roman *Una vita in più* erzählt.

Hast du Bianchina auch Gedichte geschrieben?

Nein. Ich kann mich weder rühmen, noch muss ich mich schämen, je Liebesgedichte geschrieben zu haben. Sonst alles Mögliche: Lieder, kleine Gedichte, Abzählreime für Kinder, Parodien in Versen, Couplets für Soubretten in

5 1828 schrieb Giacomo Leopardi (1798–1837) das Gedicht *A Silvia*, das möglicherweise an die Tochter einer Angestellten im Hause Leopardi gerichtet war.

Varietés, aber nie hat mich die klassische Liebeslyrik, der *dolce stil novo* gereizt.

Kannst du dich an deinen ersten Kinobesuch erinnern?

Das war in Rimini im Kino Fulgor: *Maciste all'inferno* (1925). Ich war klein, mein Vater trug mich auf dem Arm. Der Saal war rammelvoll und voller Rauch. Ich war völlig überwältigt. Ins Kino zu gehen hatte damals etwas Rituelles, wie in die Kirche zu gehen, wobei die Kirche weder rammelvoll noch verraucht war. Auf der Kanzel stand der Pfarrer, schimpfte mit Donnerstimme über die Sünder, beschwor das Feuer der Hölle und kündigte Strafen an, welche noch am selben Tag die Sünder ereilen würden. Im Kino war Mae West, die auch dies und jenes ankündigte, was allerdings etwas weniger bedrohlich klang. Ich habe immer wieder versucht, Mae West in einem meiner Filme unterzubringen, aber das ist mir so wenig gelungen wie eine Neuauflage von *Maciste all'inferno.*

Seid ihr ins Theater gegangen?

Selten, wirklich äußerst selten. In Rimini ins Theater zu gehen bedeutete, etwas anzuschauen, das man nicht kapierte, weil man nicht gebildet war, weil man die Schule schwänzte, ein Lausejunge, ein unverbesserlicher Frechdachs war. Ich lernte für die Schule wenig bis nichts. Die wenigen Male, die ich doch ins Theater ging, wurde ich von der Lehrerin gepiesackt. Alle drei Minuten hieß es: »Wenn du nicht stillhältst, schmeiß ich dich raus!« Und so war es dann auch, allerdings zu meiner großen Freude, denn mich interessierte viel mehr, was draußen passierte. Was auf der Bühne stattfand, hat mich nie sonderlich bewegt. Fasziniert hat mich aber das ganze Drumherum, der magische Aspekt des Theaters: die Atmosphäre, die Gärten, ein Zug, der eine Frau enthauptet wie in einem *Grand Guignol*, der französische König Ludwig XV., der mit einem Bologneser Akzent sprach – aber was da verhandelt wurde, verstand ich nicht, das Geschehen auf der Bühne hat mich nicht gepackt. Mir hat nur der zirkushafte Aspekt des Ganzen gefallen. Obschon das, was ich mache, ja eine Art Theater ist und ich mich im Theater so fühle wie ein Junge, der Priester werden will, sich in der Kirche fühlt, bin ich kaum ins Theater gegangen und gehe auch heute nicht. Ich fühle mich wohl hinter den Kulissen und auf der Bühne, aber im Zuschauerraum langweile ich mich zu Tode. Da war und ist mir die Oper lieber.

»Ich fühle mich wohl hinter den Kulissen und auf der Bühne, aber im Zuschauerraum langweile ich mich zu Tode.«

Wann bist du zum ersten Mal in einer Oper gewesen?

Mit sieben oder acht Jahren. Aber beinahe wäre meine erste Begegnung mit der Oper in eine Tragödie ausgeartet. Mein Vater war befreundet mit einem Polizeikommissar namens Chianese, der dem Stummfilmkomiker Ben Turpin glich. Dieser Kommissar spielte gern den Harten, er hatte den Ruf, selbst den abgebrühtesten Verbrechern Angst einzujagen, doch tatsächlich war er eine Seele von Mensch, der die Musik über alles liebte, und ganz besonders die Oper. Er hatte im Stadttheater eine Loge und überließ sie manchmal meinem Vater. Dieser nahm mich einmal mit zu einer Aufführrung von Zandonais *I cavalieri di Ekebú* (dt. *Die Ritter von Ekebú*). Die Loge des Kommissars befand sich direkt über dem Orchestergraben, und man konnte von ihr aus sehen, was hinter den Kulissen geschah: ein Getümmel von Leuten, die alles Mögliche taten, Riesenweiber, die mit riesigen Gläsern voller bunter Flüssigkeiten gurgelten, Sänger, die herumschrien. Das Stück begann in einer furchterregenden Nibelungenhöhle, wo irgendeine bedrohliche Gottheit wie Vulcanus oder Wotan hauste. Es gab eine Schmiede, eine Waffenwerkstatt mit einem riesenhaften Gong. Der Chor der dämonischen Schmiede sagte: »Cali il maglio / tuoni giù / cavaglieri di Ekebú« (»Lass sausen den Hammer / mit großem Getöse / Ritter von Ekebú«). Dann sauste ein Riesenzylinder hinab, die Dämonen stießen wilde Schreie aus, und der Gong dröhnte entsetzlich. Ich war ein bisschen wie Hamlet gekleidet, in schwarzen Samt mit einem weißen Spitzenkragen. Plötzlich bemerkte mein Vater, dass der Kragen blutig war. Vor lauter Getöse war eines meiner Trommelfelle geplatzt und Blut auf meinen Spitzenkragen geflossen. Ich wurde sogleich ins Krankenhaus gebracht, und es ist ein Wunder, dass ich auf dem Ohr nicht taub wurde.

Hast du vielleicht deswegen Musik nie sonderlich gemocht und dich immer geweigert, eine Oper zu inszenieren?

Das weiß ich nicht, glaube ich aber nicht. Die Oper hat für mich wie gesagt immer etwas Faszinierendes gehabt, vor allem *Aida*, zu der ich eine besonders enge Beziehung habe. 1938 oder 1939 wirkte ich nämlich als Statist in einer *Aida*-Aufführung in den Caracalla-Thermen mit. Mein Freund, der Maler Rinaldo Geleng, war mit von der Partie. Wir waren äthiopische Krieger aus dem Gefolge Amonasros, des Vaters von Aida. Pro Abend erhielten wir fünf Lire.

Unser größtes Problem war, zu vermeiden, dass unsere Tennisschuhe beschmutzt wurden durch die riesigen, weichen, nach Spinat riechenden Dungkugeln, welche die Elefanten überall auf der Bühne fallen ließen. Aber während die Oper für mich eine gewisse Attraktivität hat, ist das beim Theater nicht der Fall. Es gelingt mir einfach nicht, aufmerksam zu bleiben.

Komisch bei einem doch so aufmerksamen Regisseur wie dir.

Beim Theater gefällt mir immer der erste Teil: das Foyer, die Platzanweiserinnen, die Begegnungen mit Freunden, die Logen, das Schrillen der Glocke, das Dämpfen der Lichter, dann die Dunkelheit, die Stille, das Räuspern und Husten, der Vorhang, der aufgeht. Doch sobald jemand auf die Bühne kommt, dort agiert und redet, überkommt mich das Bedürfnis zu flüchten. Dennoch gefällt mir, was im Zuschauerraum geschieht: dieses Gefühl einer gedrillten Mannschaft, einer Schulklasse, die gezwungen ist, stillzuhalten, jedes Niesen zu unterdrücken. Tatsächlich sind wir während der Schulzeit eingeschüchtert, terrorisiert worden. Die Lektüre von Aischylos, Sophokles und Euripides auf Griechisch hat unsere Seelen heillos geknechtet, niedergeknüppelt.

Hat es dich nie gereizt, Theater zu machen?

Doch, aber nicht als Regisseur, sondern eher als Animator eines Happenings, als Medium einer spiritistischen Sitzung, als Anführer eines Haufens von Komikern. Auch später, als ich mit fahrenden Truppen unterwegs war, haben mich nicht deren Auftritte interessiert, sondern die Eisenbahnfahrten, die Bahnhöfe, die Liebeleien mit Zimmermädchen, die Hotels.

1938 nach dem Abitur bist du nach Florenz gezogen, bevor du dich dann in Rom niedergelassen hast. Was für Bilder hast du aus Rimini mitgenommen, als du es verlassen hast?

Die üppigen Lippen der Frau des Bahnhofsvorstehers von Savignano, die mir den ersten Kuss meines Lebens gegeben hat.

Diese Lippen sind nicht wirklich ein Bild von Rimini.

Ich trug die Rocca Malatestiana mit mir, eine hässliche, gedrungene, bedrohlich wirkende Burg. Unter den Dächern, im Dunkel der Schießscharten, sah man oft Hände, die sich an den Gittern festklammerten, und hörte die Stimmen der Eingekerkerten heulen: »Hast du eine Zigarette für mich?« Die waren um die zwanzig Meter über uns, wir hätten vielleicht hochklettern können, aber wir hatten Angst, die würden uns packen und hineinzerren. Auf dem Platz unterhalb der Burg machten die Zirkusse Station, und wenn dann das Zelt aufgebaut wurde, verfolgten die Gefangenen das Schauspiel und riefen den Akrobaten und Reiterinnen alles Mögliche zu.

Geht *I clowns* (dt. *Die Clowns*, 1970) auf diese Erinnerungen zurück?

Ja, und eine solche Episode habe ich auch an den Anfang dieses kleinen Films gestellt. Aber von Rimini habe ich nicht nur in *I vitelloni* (dt. *Die Müßiggänger*, 1953), *La strada*, *Amarcord* und *Roma* (dt. *Fellinis Roma*, 1971) erzählt. Sondern auch in Filmen, die zu meiner Heimatstadt keinerlei Bezug haben, wie *La dolce vita*, *Satyricon* (dt. *Fellinis Satyricon*, 1969), *Casanova* (dt. *Fellinis Casano-*

va, 1976) und *E la nave va* (dt. *Fellinis Schiff der Träume*, 1983), nämlich insofern, als das Meer im Hintergrund da ist, als Urelement, als blauer Streifen, der den Himmel abschneidet und von wo Korsarenschiffe kommen können, die Türken, der Rex[6], die amerikanischen Schlachtkreuzer, auf denen Ginger Rogers und Fred Astaire im Schatten der Kanonen tanzen.

Von welchen Milieus und Figuren aus Rimini hast du dich für *I vitelloni* inspirieren lassen?

Von den jungen Männern, die wir jeweils bewundernd durch die Fenster der Bar Ausonia beobachteten, wenn sie Billard spielten mit ihren Kamelhaarmänteln, den bunten Halstüchern, den Hüten mit den Hutbändern aus Atlas. Sie zogen lange an einer Zigarette, ließen den Rauch dann mit ritueller Langsamkeit der Nase entströmen, rieben ebenso gemächlich die Spitze des Queues mit blauer Kreide ein, beugten sich dann, einen Ellbogen in die Luft reckend, über den Billardtisch und peilten mehrmals eine Kugel an. Ein feierlicher Augenblick. Das Klacken der Elfenbeinkugeln drang durch die Fensterscheiben bis auf die Straße hinaus, und manche von uns applaudierten.

Konntet ihr denn nicht auf die andere Seite der Fenster gelangen und die Billardpartien aus der Nähe verfolgen?

Nur ab und zu erlaubten sie uns, eine Partie zu verfolgen, umgefallene Kegel einzusammeln oder – ein noch größeres Privileg – den Punktestand zu notieren. Das waren dieselben Jünglinge, die Krawattennadeln trugen, in Halbkrei-

6 Der gewaltige Ozeandampfer, dem Fellini in *Amarcord* ein Denkmal setzte.

sen um Autos mit unbekannten Nummernschildern standen und mit ernsten Mienen über deren Leistungen und Höchstgeschwindigkeiten diskutierten, bis die Besitzer dieser Wunderwagen eintrafen, Männer mit großen Rennfahrerbrillen, Arm in Arm mit Frauen, die spektakuläre Pelzmäntel trugen.

Manche Leute sagten, die ursprüngliche Idee zu *I vitelloni* stamme von Ennio Flaiano[7], der solche Jünglinge aus den Cafés von Pescara gekannt habe.

Er hat auch solche Typen gekannt, aber die Idee zum Film stammt nicht von ihm.

Hatte auch die Figur des Zampanò aus *La strada* mit Figuren zu tun, die du aus deiner Kindheit in Rimini kanntest?

Er hatte etwas zu tun mit den Zigeunern, den Köhlern und Schweinekastrierern, die ich in Gambettola gesehen habe, dem Ort zwischen Rimini und Cesena, wo wir den Sommer verbrachten. Die waren unterwegs in die Abruzzen. Der Schweinekastrierer kam abends von der Landstraße her, die Messer blitzten auf seiner blutbefleckten Schürze. Es hieß, er habe jede Frau in der Gegend gehabt. Und man erzählte, er habe auch eine arme Verrückte geschwängert, die ein Kind gebar, das alle als Teufelskind bezeichneten.

Auf was für Erinnerungen geht das Ungeheuer am Schluss von *La dolce vita* zurück?

7 Ennio Flaiano (1910–1972) war ein italienischer Schriftsteller, der an den Drehbüchern von *Lo sceicco bianco* bis zu *Giulietta degli spiriti* (dt. *Julia und die Geister*, 1965) mitgeschrieben hatte und sich danach mit Fellini verkrachte.

Ebenfalls auf Erinnerungen an Rimini. Eines Morgens, als das Dienstmädchen die Fenster öffnete, sagte es: »Was stinkt hier so?« Alle streckten die Nasen heraus und schnüffelten. Es war ein grauenvoller Gestank, nach Verwesung, als hätte man Tausende von Gräbern geöffnet. Ein riesiger Mondfisch war während der Nacht am Strand angetrieben worden und verpestete die Luft. An diesem Morgen hatten wir schulfrei: Die Lehrer, der Rektor und wir alle gingen zum Strand, um das Ungetüm zu sehen. Unmengen von Leuten waren da, Polizisten, Carabinieri, Soldaten, alle standen um dieses verwesende Ding herum. Der Rektor fragte den Lehrer, der Naturwissenschaften unterrichtete, streng: »Professore Quagliarulo, was ist das Ihrer Meinung nach für ein Fisch?«

»Woher soll ich das wissen?«, antwortete dieser, wofür er von uns Schülern heftigen Applaus bekam. Die Fischer, die den Kadaver mit Beilen zerteilten, sagten mit Kennermiene, das müsse ein Rochen aus dem Norden sein.

Jetzt hast du doch tatsächlich das Grandhotel vergessen!

Für uns Jungen mit den Baskenmützen und den Knickerbockern war das Grandhotel von Rimini eine Art Zauberschloss, der Inbegriff des Luxus, des Prunks und des sagenumwobenen Orients. Wir trieben uns immer um dieses Hotel herum und versuchten, Blicke zu erhaschen auf das, was darin geschah oder abends auf den Terrassen. Dort wurden Melodien wie *Sonny Boy*, *I Love You* oder *Alone* gespielt, wir kannten sie aus amerikanischen Filmen, die wir im Winter im Kino Fulgor gehört hatten. In Sommernächten verwandelte sich das Grandhotel in unserer pubertären Phantasie in Bagdad, Istanbul, Ninive, Babylon, Hollywood. Auf den Terrassen, die angenehm kühl waren dank der Brise, die vom Meer kam, wurden Feste gefeiert, die an die *Ziegfeld Follies* erinnerten. Man sah Frauen mit prächtigen Brüsten und halbnacktem Rücken mit Männern in weißen Smokings tanzen. Für uns war das Grandhotel wie *Tausendundeine Nacht.*

»Eine Erinnerung ist bereits eine Veränderung der Wirklichkeit, kein unmittelbarer Blick auf das, was tatsächlich geschehen ist.«

Warum hast du keinen deiner Filme in Rimini gedreht, nicht einmal *Amarcord*?

Eine Erinnerung ist bereits eine Veränderung der Wirklichkeit, kein unmittelbarer Blick auf das, was tatsächlich geschehen ist. Will man beim Erzählen von Episoden, Figuren, Begegnungen, Ereignissen und Leidenschaften, die durch die Erinnerung gefiltert werden, den dadurch geweckten Emotionen und Gefühlen gerecht werden, muss man diese anreichern mit Tönen, Lichtern, Farben, Stimmungen, was sich nur in diesem magischen, alchemistischen, demiurgischen Laboratorium bewerkstelligen lässt, welches ein Filmstudio für einen Regisseur darstellt. Ich habe alles neu erschaffen im Studio Nr. 5 der Cinecittà.

Wie kam dir Rimini vor, als du 1946 zum ersten Mal zurückgekehrt bist?

Es war ein einziges Trümmerfeld, ein Mondkrater. Ruinen, so weit das Auge reichte. Nach Cassino war es die am heftigsten bombardierte Stadt Italiens. Ein Meer der Verwüstung. Doch was sich in der klaren, blauen Luft darüber erhob, war der Dialekt, waren die alten Rhythmen und Melodien, und eine Stimme, die vertraute Namen rief, die ich in Rom nie mehr gehört hatte: Duilio, Severino.

1955 bist du nach Rimini zurückgekehrt, weil dein Vater gestorben ist. Was waren damals deine Erinnerungen an ihn, und was sind deine heutigen?

Die aus meiner Kindheit. Wie sonst erinnert man sich an seine Eltern? Wer kann behaupten, den Papa und die Mama als echte Personen gekannt zu haben? Erst bei seiner Beerdigung habe ich das Gefühl gehabt, meinen Vater so zu sehen, wie er vielleicht gewesen ist. Im Trauerzug waren zwei, drei anziehende, mütterlich und sinnlich wirkende Frauen, die wohl schöne Erinnerungen an Papa hatten. Sie weinten, und ihre Taschentücher wurden verfärbt von Wimperntusche und Wangenrouge. Als ich das sah, habe ich begriffen, dass Papa für manche ein echter, großer Freund gewesen war.

Stimmt es, dass du einen Film drehen wolltest über eine Episode, die mit dem Begräbnis deines Vaters zu tun hatte?

Ja, aber das ist eine Episode, an die ich mich ungern erinnere. Meine Schwester Maddalena hatte mich angerufen, um mir zu sagen, unserem Vater gehe es schlecht. Unbekümmert, wie ich damals war, fuhr ich nicht mit Giulietta, sondern einer anderen Frau nach Rimini. Ich brachte sie in einem kleinen Hotel unter und eilte zu meinem Vater. Da er nichts Ernsthaftes und Besorgniserregendes zu haben schien, ging ich in einem Restaurant etwas essen. Plötzlich kam ein Kutscher herein und sagte: »Signor Fellini, Signor Fellini, gehen Sie sofort nach Hause, Ihrem Vater geht es furchtbar schlecht.« Ich raste nach Hause, aber als ich dort eintraf, war mein Vater schon gestorben. Das machte mir zu schaffen. Ich sollte meine Mutter trösten, das Begräbnis organisieren, ein bisschen für alles sorgen. Darüber vergaß ich die Dame, die im Hotel auf mich wartete. Als ich dann hinkam, wollte sie nichts mehr von mir wissen, sie war außer sich vor Wut, und ich musste alle möglichen Strategien anwenden, um sie zu besänftigen. Später, als ich dieses Hin und Her und dieses schmerzliche Ereignis verarbeitet hatte, dachte ich daran, die Geschichte in einem Film zu erzählen. Mir schwebte auch die entsprechende Darstellerin vor: Sophia Loren. Dino de Laurentiis als Produzent. Ich reiste nach Los Angeles, um mit Gregory Peck zu reden, den ich mir als Hauptdarsteller vorstellen konnte. Wir hatten sogar schon einen Titel: *Viaggio con Anita.* Aber dann schrieb mir Giulietta einen Brief, in dem sie die Gründe darlegte, warum ich diesen Film auf keinen Fall machen dürfe. Und ich verzichtete darauf und habe nie mehr daran gedacht.

Und was für Erinnerungen hast du an deine 1984 verstorbene Mutter?

Sie waren die richtigen Eltern für mich. Genau solche, wie ich sie brauchte. Vielleicht habe ich sie enttäuscht dadurch, dass ich kein Rechtsanwalt oder Ingenieur geworden bin, wie sie es sich gewünscht hatten, aber sie haben mir nie Hindernisse in den Weg gelegt, und ich habe meinen Weg ohne Reibereien wählen können und ohne mich rechtfertigen zu müssen. Von all den Unannehmlichkeiten, die ich meiner Mutter bereitet habe, war die schmerzlichste und peinlichste für sie der Skandal um *La dolce vita.* Meine Mutter war eine sehr fromme, sehr religiöse Frau, und darunter, dass ihr Sohn einen Film gedreht hatte, den die Kirche verdammte, hat sie schwer gelitten. Der Erzbischof, der schon während meiner Gymnasialzeit uralt gewesen war, hatte sehr streng geurteilt über den Film und dessen Autor, den Sohn von Signora Ida Barbiani.

»Seit ein paar Jahren ist das Heimweh nach Rimini immer stärker geworden. Unwillkürlich denke ich an Rimini, an das Rimini meiner Kindheit und meiner Jugend, an das Rimini meiner ersten amourösen Regungen.«

Und hast du etwas tun können, um sie zu trösten?

Weil es sie krank machte, fuhr ich nach Rimini, um mit dem hohen Würdenträger zu sprechen. Er wohnte nach wie vor in diesem Palast aus dem 17. Jahrhundert. Dort hatten wir Gymnasiasten ihn jeweils um die Mittagszeit im eleganten Säulengang auf und ab gehen sehen, begleitet von zwei kleinen Priestern. »Bleiben Sie nicht zu lange, er ist fast neunzig und völlig taub«, sagte sein Sekretär, ein junger Mann mit der robusten Figur eines Bergsteigers. Mir war nicht wohl dabei, ganz laut über delikate, intime Dinge zu reden, aber ich zwang mich dazu, zu brüllen, als nähme ich an einer Versammlung auf einem öffentlichen Platz teil. Der Sekretär beugte sich zu dem zittrigen alten Männlein herunter und behauptete dann, sichtlich lügend und peinlich berührt, der Erzbischof habe »Sehr gut, sehr gut« gesagt. Er fügte hinzu, ihm selbst habe der Film sehr gefallen und ein Vetter von ihm, ein Matrose, sei nach Schweden gefahren, ins Land von Anita Ekberg.

Und heute, kehrst du gern nach Rimini zurück?

Seit ein paar Jahren ist das Heimweh nach Rimini immer stärker geworden. Unwillkürlich denke ich an Rimini, an das Rimini meiner Kindheit und meiner Jugend, an das Rimini meiner ersten amourösen Regungen. Immer häufiger werde ich von Phantasien heimgesucht, die eher einem *vitellone* entsprächen: Rom zu verlassen und mich ein paar Tage im Grandhotel einzuquartieren, um im Zimmer der Gradisca[8] zu schlafen oder demjenigen des Prinzen.

8 Von einer schönen Friseuse in Rimini hieß es, beim Besuch eines Prinzen habe der Stadtschreiber sie gebeten, sich im Grandhotel dem Prinzen hinzugeben. Dies habe sie mit den Worten »Signor Principe, gradisca« (dt. »Herr Prinz, bedienen Sie sich«) getan. Danach hatte sie ihren Spitznamen weg. Sie gehört zu den Hauptfiguren von *Amarcord*.

DIE JUGEND EINES KÜNSTLERS

Trotz allem, was Fellini von sich erzählt hat und andere über ihn geschrieben haben, sind seine Kindheit und Jugend noch größtenteils unerforscht. Insbesondere weiß man noch zu wenig über seine Tätigkeit als Zeichner, Karikaturist und, wenn man so will, Maler. Doch jetzt kommen Anzeichen dafür zutage, dass er eigentlich ein Wunderkind und seine Jugend diejenige eines Künstlers gewesen sei. Aufgrund von Dokumenten, die in letzter Zeit aufgetaucht sind, lässt sich rekonstruieren, was man als »Porträt des Künstlers als junger Mann« bezeichnen könnte.

So hatte man nicht gewusst, dass es neben Demos Bonini und Nino Za noch einen Lehrer von Fellini gab – noch jemanden, der Karikaturen machte –, nämlich Italo Roberti. Dieser war ein Violinist, der im Sommer im Grandhotel, im Kursaal und im Kino Fulgor auftrat. Hier spielte er in einem kleinen Orchester, das vor dem Aufkommen des Tonfilms die bewegendsten Momente der Filme betonte. Roberti hatte wie Fellini zeichnen und karikieren gelernt dank der Meisterwerke von Nino Za sowie der Witzzeichnungen der Lokalblätter und all der Dinge, die ihm den Sommer über ins Auge stachen, wenn sich Rimini in ein Freilichttheater, einen Jahrmarkt und ein Fest der Jongleure und Gaukler verwandelte. Die Karikatur war künstlerischer und kultureller Ausdruck der kurzlebigen Badesaison.

Die Serie von Karikaturen berühmter Stars, die Fellini im Auftrag des Besitzers des Kinos Fulgor anfertigte, muss beeindruckend gewesen sein. Man hat vor kurzem um die dreißig Blätter gefunden mit Darstellungen von George Murphy, Herbert Marshall und der italienischen Schauspielerin Rubi Dalma. Diese unterzeichnete ihre Karikatur mit: »Dem Künstler Fellini – Rubi Dalma«.

ROM, CINECITTÀ, GIULIETTA MASINA
1969

Warum bist du 1938 von Rimini nach Florenz gezogen?

In Florenz war ich vorher schon gewesen, ebenso wie in Rom. Ich hatte dort die Redaktionen von *420* und dem *Avventuroso* besucht, zwei Zeitschriften, für die ich Beiträge lieferte. Nach Abschluss des Gymnasiums blieb ich dort sechs, sieben Monate, bevor ich dann nach Rom zog.

Wann warst du zum ersten Mal in Rom?

1933 und 1934 mit meinem Vater. Meine Mutter stammte aus Rom, und einer ihrer Brüder nahm mich im Auto mit auf eine Rundfahrt durch die Stadt. Hinauszeigend sagte er: »Das ist das Kolosseum«, »das ist die Engelsburg«, »das ist das Garibaldi-Denkmal«. Ich kam mir vor wie in der Schule, benommen von all diesen Säulen, Statuen und Ruinen. Beim Trevi-Brunnen, auf dem Pincio und der Piazza Navona machten wir auch Erinnerungsfotos. Auf dieser ersten Rundreise durch die Wunder Roms gab es auch einen dramatischen Moment: In der Calixtus-Katakombe habe ich mich verlaufen. Die Reiseführerinnen brüllten: »Ein kleiner Junge aus Rimini hat sich in den Katakomben verlaufen!« Dieser Albtraum hat bestimmt eine Viertelstunde gedauert.

Und wie kam dir Rom dann mit achtzehn oder neunzehn vor?

Am meisten fiel mir auf, wie grob es überall zuging. Grob und vulgär. Was nicht heißt, dass mir das unangenehm aufgefallen wäre. Mir schwante, dass die Vulgarität zu Roms Charakter gehörte. Das ist die großartige Vulgarität, die durch lateinische Autoren wie Plautus, Martial, Juvenal überliefert ist. Das ist die Vulgarität von Petronius' *Satyricon*. Diese Vulgarität ist eine Befreiung, ein Sieg über die Angst, geschmacklos zu sein, eine Erlösung von der Wohlanständigkeit. Wer die Stadt studiert, um ihr schöpferischen Ausdruck zu verleihen, für den ist diese Vulgarität eine Bereicherung, gehört zu dem, was die Faszination der Stadt ausmacht.

»Mir schwante, dass die Vulgarität zu Roms Charakter gehörte. Diese Vulgarität ist eine Befreiung, ein Sieg über die Angst, geschmacklos zu sein, eine Erlösung von der Wohlanständigkeit.«

Wo hast du nach deiner Ankunft in Rom gewohnt?

In der Via Albalonga in einem möblierten Zimmer, das mein Vater für mich gefunden hatte dank Freunden aus Rimini.

Aldo Fabrizi, der große Schauspieler aus *Roma, città aperta*, sagte, du habest nicht dort gewohnt, sondern in der Gegend der Via Sannio und später bei ihm in der Via Germanico beim Petersdom.

Ja, ja, ich habe auch in der Nähe des Vatikans gewohnt. Sobald ich ein bisschen Geld hatte, ließ ich mich in einer Kutsche heimfahren, wobei ich neben dem Kutscher saß und die Kirchenfassaden bestaunte, die Brücken, die Statuen darauf, die Verzierungen der Patrizierpaläste. Manchmal bat ich den Kutscher, mich zur Via della Conciliazione zu bringen. Der Anblick des Petersdoms hat mich immer fasziniert: Er hat eine geradezu immaterielle Leichtigkeit, die man sonst bei keinem Bauwerk findet. Eine Kutsche zu nehmen, konnte ich mir deshalb ab und zu erlauben, weil ich Zeitschriften wie *Il Piccolo*, *Marc'Aurelio* und andere mit Artikeln, Interviews und kleinen Geschichten belieferte.

Rinaldo Geleng erzählt aber, als ihr euch 1938/39 kennengelernt habt, habest du nicht einmal genug Geld gehabt, um dir zwei *supplì*[9] zu leisten.

Als ich Rinaldo Geleng kennenlernte, war ich ganz frisch nach Rom gekommen. Ich habe ihn in der Redaktion des *Marc'Aurelio* getroffen, wo wir beide irgendwelche Artikel, Zeichnungen oder Karikaturen an den Mann zu bringen versuchten.

Er erzählt, er habe ein Tablett dampfender *supplì* im Schaufenster einer Garküche betrachtet, in der Via Regina Elena, also nahe beim *Marc'Aurelio*, und plötzlich seist du hinter ihm aufgetaucht, als langer, dunkler Schatten, wie ein Gespenst, und habest ihn gefragt, ohne ihn je vorher gesehen zu haben: »Wie viel Geld hast du? Mein Geld reicht nur, um eines zu kaufen. Und deins?«

Das war nicht in der Via Regina Elena, der heutigen Via Barberini, sondern in der Nähe der Casa del Passegero, und die Garküche hieß Canepa.

9 *supplì* sind frittierte Reiskroketten.

Geleng antwortete, ein *supplì* koste sechs Soldi, und er habe genug für vier, doch als ihr reingegangen seid, habest du gesagt, du könntest dein Geld gerade nicht finden, wahrscheinlich stecke es in einer anderen Jacke. Worauf er entgegnet habe: »Hast du überhaupt eine andere Jacke?«, vier *supplì* gekauft und sie mit dir geteilt habe. Stimmt das?

Ja, das stimmt. Wir waren wie Charlie Chaplin und Buster Keaton. Aber später habe ich ihn zum Milliardär gemacht. Ich habe ihm Arbeit gegeben bei meinen Filmen, ebenso wie seinen Söhnen Antonello und Giuliano, dem einen als Ausstatter, dem anderen als Maler.

Geleng erinnert sich auch, dass eines Tages du, der spätere Drehbuchautor Ruggero Maccari, der Journalist Luigi Garrone und ein anderer Freund von euch zum Mittagessen in eine Trattoria im Zentrum Roms gegangen seid, obwohl ihr gewusst habt, dass keiner von euch einen Soldo habe. Stimmt das?

Ja, wir gingen in Trattorien essen, von denen wir annahmen, die Besitzer würden nicht gleich die Carabinieri rufen. Am erwähnten Tag in der erwähnten Trattoria traute sich keiner von uns, dem Wirt zu sagen, dass wir keine Lira hatten. Es war bereits gegen vier Uhr nachmittags, als ich mich entschied, ihm eine Nachricht überbringen zu lassen. Ich schrieb: »Wir sind fünf Brüder, doch wir besitzen keine einzige Lira.« Nachdem der Wirt, der aussah wie der Bösewicht in Chaplin-Filmen, den Zettel gelesen hatte, fragte er uns: »Wollt ihr gleich zum Abendessen dableiben?«

Wann, wo und wie hast du Giulietta Masina kennengelernt?

1942 im Sitz des italienischen Rundfunksenders EIAR in der Via delle Botteghe Oscure. Giulietta spielte dort bei einer Sendung mit dem Titel *Le avventure di Cico e Pallina*, es ging um ein junges Ehepaar, dem alles Mögliche passierte. Die Texte dazu stammten von mir: Sie erschienen zuerst in *Marc'Aurelio*, dann schrieb ich sie für den EIAR um. Ich dachte an eine Filmversion und rief Giulietta an, um sie um Fotos von sich zu bitten. Sie schickte mir welche, und es war klar, dass sie für die Rolle der Pallina perfekt war. Ich bat sie, mich beim Sender zu treffen. Am nächsten Tag lud ich sie zum Mittagessen ein. Wir sprachen lang über den Film, aber wegen des Kriegs wurde nichts aus dem Projekt. Wir haben uns aber weiterhin getroffen und nach einem Jahr geheiratet.

»Ich ging in Restaurants und bot den Gästen an, ihre Karikatur zu zeichnen, musste aber höllisch aufpassen, weil ich der Einberufung zum Wehrdienst nicht gefolgt war und deshalb gesucht wurde.«

Giulietta erzählt, das sei ein luxuriöses Restaurant gewesen, nach dem Essen habest du aus der Hosentasche so viel Geld herausgeholt, dass sie baff gewesen sei, und dann habest du den Kellnern auch noch ein üppiges Trinkgeld gegeben. Hast du Giulietta so beeindrucken wollen?

Ach was. 1942 habe ich nicht nur für *Marc'Aurelio* und andere Zeitschriften gearbeitet, sondern auch schon für den Film.

Und wohin ging es in den Flitterwochen?

Zur Piazza Colonna im historischen Zentrum von Rom, wo Alberto Sordi[10] ein Varietéprogramm präsentierte. Als wir hereinkamen, bat er das Orchester, eine Pause zu machen, und forderte das Publikum zu einem Applaus für uns auf. Doch sonst ging es uns 1943 nicht sonderlich gut. Ich erinnere mich, dass ich in einem Heft alles notierte, was geschah. Vor einiger Zeit hat mich Giulietta an ein paar Dinge erinnert, die ich damals notiert hatte. Die Aufzeichnungen gingen von Monat zu Monat. Januar 1944: »Diesen Monat haben wir nur zehn Lire verdient.« Februar: »Wir haben weniger als letzten Monat verdient.« März: »Die Deutschen haben mich zum Glück nicht erwischt.« Tatsächlich hatten sie mich erwischt, aber ich hatte flüchten können. Sie hatten mich auf der Piazza di Spagna geschnappt, wo ich den Drehbuchautor Sergio Amidei treffen wollte. Sie hatten mich auf einen Lastwagen geladen. Als wir durch die Via del Babuino fuhren, verlangsamte der Lastwagen das Tempo, um einen deutschen Offizier durchzulassen. Ich rief »Fritz! Fritz!«, als würde ich ihn kennen, und lief ihm entgegen, bog dann aber in eine Seitenstraße ab und entkam so. Ich kehrte viel später als üblich nach Hause zurück. Giulietta war außer sich vor Angst, mir könnte etwas zugestoßen sein, und vor lauter Aufregung verlor sie das Kind, mit dem sie schwanger war. Sie war im vierten Monat. Dazu kam, dass die kleine Hündin Michelina, die ich ihr geschenkt hatte, von einem deutschen Panzerwagen überfahren worden war. Ich nahm dann eine streunende Hündin auf und brachte sie Giulietta.

10 Der Komödiant Alberto Sordi (1920–2003) sollte 1952 die Hauptrolle spielen in Fellinis *Lo sceicco bianco.*

Hast du während der deutschen Besatzung also nichts tun können?

Ich habe an zwei Filmen mit Aldo Fabrizi mitgearbeitet: *Campo de' fiori* des Regisseurs Mario Bonnard und *L'ultima carrozzella* des Regisseurs Mario Mattoli. Ich habe auch was für zwei, drei andere kleine Filme geschrieben. Ich ging sogar in Restaurants und bot den Gästen an, ihre Karikatur zu zeichnen, musste aber höllisch aufpassen, weil ich der Einberufung zum Wehrdienst nicht gefolgt war und deshalb gesucht wurde. Aber nach dem Juni 1944 wurde alles anders. Mit Enrico De Seta und anderen Freunden vom *Marc'Aurelio* machten wir ein Geschäft auf, in dem wir Karikaturen der alliierten Soldaten zeichneten. Wir nannten es *Funny Face Shop – Profiles, Portraits, Caricatures.* Wir dachten uns Witzzeichnungen aus, Szenen aus der Geschichte des alten Roms, in denen wir Platz freiließen, um den Kopf oder das Profil eines Kunden hineinzuzeichnen. Nie zuvor hatten wir so viel Geld gesehen. Im März 1945 gebar Giulietta einen Sohn, den wir Federichino nannten. Sie war glücklicher denn je, aber nach zwei Wochen starb das Kind an einer Bronchopneumonie. Giulietta wurde schwer krank. Danach haben wir nie mehr an ein Kind gedacht.

EINE ERFUNDENE BIOGRAPHIE

Fellinis Geschichten decken sich nicht immer mit denjenigen seiner Biographen und Freunde. Die Unterschiede und Variationen sind zum Teil beträchtlich. Wird er damit konfrontiert, besteht der Regisseur auf seinen Versionen und darauf, die Wahrheit zu sagen. Der Grund dafür ist nicht schwierig zu begreifen. Zwar ist Fellini ein sehr genauer Beobachter der Wirklichkeit und verfügt über ein außerordentlich gutes Gedächtnis, er hat sich aber eine Art erfundener, künstlerischer Biographie konstruiert, die manche als »Mythobiographie« bezeichnen, und er mag es nicht, wenn jemand daran etwas ändern will, sträubt sich gegen andere Versionen dieser oder jener Episode.

Der umstrittenen Versionen gibt es viele. So erzählt Fellini, er sei als Kind mehrmals von zu Hause ausgerissen, um mit einem Zirkus mitzureisen. Er sei ein Spitzbube gewesen, der schreckliche Streiche gespielt habe. Doch offenbar war er vielmehr ein braves, sanftes Kind. Er beschreibt sich als miserablen Schüler, der nur in Zeichnen gut gewesen sei und dauernd etwas gekritzelt habe; doch tatsächlich brachte er im zweiten Jahr auf dem Gymnasium beste Noten nach Hause, nur in Mathematik, Physik und militärischer Körperertüchtigung war er schwächer.

Exemplarisch in dieser Hinsicht ist die Geschichte über die zwei Jahre, die Fellini im Internat der Padri Carissimi in Fano verbracht haben soll. Anlässlich eines Fellini-Seminars 1985 in Sevilla stand in der offiziellen Chronologie: »1927. Besucht ein religiöses Internat in Fano. Tut sich sehr schwer mit der Strenge des Regimes. Religiöse Traumata infolge der harten rituellen Praktiken.« In seiner Biographie *Fellini* schreibt Tullio Kezich[11] dazu: »Nach objektiver Prüfung der Tatsachen muss man feststellen, dass Fellini dieses Internat in Fano nicht besucht hat. Allerdings wurde [sein Bruder] Riccardo dorthin geschickt, und es ist möglich, dass Federico die Strenge der Disziplin und die religiösen Traumata sozusagen ›per procura‹, durch die Erzählungen seines Bruders, erlebte.« Doch Fellini bestand darauf, er sei in dem Internat gewesen, und ging so weit, eine entsprechende Episode in *Otto e mezzo* (dt. *Achteinhalb*, 1963) einzufügen.

11 Tullio Kezichs Biographie *Fellini* ist, deutsch von Sylvia Höfer, 1989 im Diogenes Verlag erschienen.

ROBERTO ROSSELLINI, *LUCI DEL VARIETÀ*, *LO SCEICCO BIANCO*, *I VITELLONI*, *LA STRADA*, *LE NOTTI DI CABIRIA* *1975*

Roberto Rossellini ist der einzige Cineast, dem du den Titel »Maestro« zuerkennst. Wie kam eure Beziehung zustande, und wie hat sie sich entwickelt?

Wenn ich mich richtig erinnere, bin ich ihm zum ersten Mal bei der Aci Film begegnet, einer Filmgesellschaft, die von Vittorio Mussolini geführt wurde, einem Sohn des Faschistenführers. Dann habe ich ihn wiedergesehen in einem Studio der Filmgesellschaft Scalera, das ich besuchte, um für die Zeitschrift *Cinemagazzino* die Schauspielerin Greta Gonda zu interviewen. Richtig kennengelernt haben wir uns dann im Funny Face Shop in der Via Nazionale. Ich war am Skizzieren eines Profils, als ich in der Menge der alliierten Soldaten einen bürgerlich wirkenden Mann mit breitkrempigem Hut und einem spitzen Kinn erblickte. Das war Roberto Rossellini. Er wollte mich für die Mitarbeit an einem Drehbuch über Don Morosini gewinnen, den Pfarrer von Santa Melania, der von der ss erschossen worden war. Mit anderen Worten: Es ging um *Roma, città aperta*. Rossellini wandte sich an mich, weil er wusste, dass ich mit Aldo Fabrizi befreundet war, den er für die Rolle von Don Morosini wollte. Er hoffte, ich könnte den Schauspieler dazu bewegen, die Rolle zu übernehmen und keine zu hohe Gage zu verlangen.

Wie wurde *Roma, città aperta* aufgenommen?

Anfangs sehr zurückhaltend, vor allem seitens der Kritik. Dann wurde der Film aber ein enormer Publikumserfolg, zuerst in Italien, dann im Ausland. Er wurde zu einem der Filme, die das begründeten, was nachher als Neorealismus bezeichnet wurde.

»Rossellini verdanke ich die Vorstellung von einem Film als Reise, Abenteuer, Odyssee. Als Lehrer und als Freund war er unvergleichlich.«

Was ist dir von deinem ersten Mal hinter der Kamera als Rossellinis Assistent bei *Paisà* in Erinnerung?

Das war eine ganz wichtige Erfahrung für mich. Rossellini war der Erfinder des Filmens im Freien, mitten unter den Leuten und unter Bedingungen, die absolut nicht vorhersehbar waren. Unterwegs mit ihm bei den Dreharbeiten zu *Paisà* habe ich Italien entdeckt. Ihm verdanke ich die Vorstellung von einem Film als Reise, Abenteuer, Odyssee. Als Lehrer und als Freund war er unvergleichlich. Er war einzigartig. Giulietta hatte in *Paisà* auch eine kleine Rolle, nicht viel mehr als ein einziger Auftritt, aber auch für sie war das eine kostbare Erfahrung. *Paisà* ist einer der schönsten Filme der Geschichte des Kinos. Er ist episch wie ein Werk von Homer, feierlich wie gregorianischer Gesang und in sechs Episoden gegliedert, in denen mutig und tief bewegend von dem Italien berichtet wird, das aus den

Verheerungen des Kriegs hervorgegangen ist. Das sage ich nicht, weil ich mit Sergio Amidei an Idee und Drehbuch beteiligt war, sondern weil das meine tiefe Überzeugung ist. Nach *Paisà* schrieb ich zusammen mit Tullio Pinelli für Rossellini das Treatment zu *Il miracolo* (dt. *Das Wunder*). Das war die eine der beiden Episoden von *L'amore* (dt. *Amore*, 1947/48); die andere war *Una voce umana* (dt. *Eine menschliche Stimme*) nach dem Einakter *La voix humaine* von Jean Cocteau. Die Hauptdarstellerin in beiden Episoden war Anna Magnani, der ganze Film war eine Hommage von Rossellini an Magnani.

Stimmt es, dass auch die Idee zu *Il miracolo* auf deine Kindheits- und Jugenderinnerungen zurückgeht?

Die Geschichte war ein bisschen wie die über den Schweinekastrierer, der abends durch Gambettola kam. Sie handelt von einer Hirtin, die nicht ganz richtig im Kopf ist, die sich in einen Hirten verliebt, den sie für den heiligen Joseph hält. Sie wird schwanger und schleppt sich einen Berg hoch, auf dem oben eine kleine Kirche steht. In der Enge des Kirchturms kommt ihr Kind zur Welt. Sie hält es für das Jesuskind, während die Frau, die vom Schweinekastrierer geschwängert worden war, glaubte, ein Teufelchen geboren zu haben. In dieser Episode wirkte ich auch als Schauspieler mit: Ich war der heilige Joseph, und zwar ein wasserstoffblond gefärbter heiliger Joseph. Ich habe mit Rossellini auch die Auswahl aus dem Legendenzyklus *Fioretti di San Francesco* (dt. *Blümlein des heiligen Franziskus*) getroffen für den Film *Francesco, giullare di Dio* (dt. *Franziskus, der Gaukler Gottes*, 1949). Für mich war Rossellini die Verkörperung des Neorealismus. Von *Roma, città aperta* bis *Francesco, giullare di Dio* hat das Kino dank Rossellini einen gewaltigen Sprung gemacht.

Wie kam es dazu, dass du das erste Mal Regie geführt hast oder zumindest Co-Regie bei *Luci del varietà* (dt. *Lichter des Varieté*, 1950), dem Film von Alberto Lattuada und dir?

Ich und Pinelli hatten Unmengen von Drehbüchern geschrieben: *Il delitto di Giovanni Episcopo* (dt. *Das Verbrechen des Giovanni Episcopo*, 1947), *Senza pietà* (dt. *Ohne Gnade*, 1948) und *Il mulino del Po* (dt. *Die Mühle am Po*, 1948) für Lattuada; *Il passatore* (1947) für Duilio Coletti; *In nome della legge* (dt. *Im Namen des Gesetzes*, 1949), *Il cammino della speranza* (dt. *Weg der Hoffnung*, 1950), *Il brigante di Tacca del Lupo* (dt. *Der Rebell von Tacca del Lupo*, 1952) und *La città si difende* (dt. *Jagd ohne Gnade*, 1951) für Pietro Germi. Aber bevor Lattuada mich einlud, mit ihm *Luci del varietà* zu drehen, hatte ich schon eine kleine Erfahrung als Regisseur gemacht: Der Produzent Luigi Rovere hatte Gianni Puccini debütieren lassen mit *Persiane chiuse* (dt. *Geschlossene Gardinen*, 1950), den ich und Pinelli geschrieben hatten und der in Turin spielte. Doch wenige Tage nach Drehbeginn hatte der Regie-Neuling eine Krise. Rovere schlug mir vor, die Regie zu übernehmen, aber ich schlug Luigi Comencini vor. Doch damit die Arbeit nicht zum Erliegen kam vor der Ankunft von Comencini, drehte ich die Szene, in der die Polizei eine Leiche am Ufer des Po entdeckt. Die Szene gefiel Rovere sehr, der mich deshalb danach *Lo sceicco bianco* drehen ließ.

Wie ist *Luci del varietà* entstanden?

Das war eine Erinnerung an die Zeit, als ich in Italien mit einer Varietétruppe unterwegs war, an die italienische Provinz, wie man sie aus Zugfenstern sah, und an die Kulissen der heruntergekommenen, schlecht beleuchteten kleinen

Theater. Das Drehbuch schrieben ich, Pinelli und Lattuada in Zusammenarbeit mit Flaiano. Um den Film zu finanzieren, gründeten wir eine Kooperative, an der ich, Giulietta, Lattuada und seine Frau sowie die Schauspielerin Carla Del Poggio beteiligt waren. Die Hauptdarsteller waren Giulietta, Carla, Peppino De Filippo, Folco Lulli, Franca Valeri; auch Sophia Loren war dabei, die damals noch Sofia Lazzaro hieß. Sie kam zu mir in Begleitung ihrer Mutter. Ich machte Probeaufnahmen von ihr. Sie war dürr, klapperdürr, aber sie hatte einen prächtigen Busen. Sie trug eine Bluse mit einem Reißverschluss. Als ich ihr kurz den Rücken zudrehte, zog die Mutter den Reißverschluss auf, sodass ihre Brüste herausplatzten. Der Produzent Mario Langhirani kam für einen Teil der Kosten auf, den Rest bezahlte die Kooperative. Aber unsere Initiative passte den Produzenten nicht, die uns alle möglichen Hindernisse in den Weg legten. Carlo Ponti produzierte sogar einen Gegenfilm, *Vita da cani* (dt. *Ein Hundeleben*, 1950) mit Aldo Fabrizi.

Und wie ging das gemeinsame Regieführen?

Ehrlich gesagt hat Lattuada alles gemacht. Ich habe mich aufs Zuschauen beschränkt.

Wurde der Film ein Erfolg?

Bis heute sind noch nicht alle Rechnungen bezahlt.

Lief *Lo sceicco bianco*, der Film, mit dem 1952 deine Karriere als Regisseur tatsächlich begann, besser?

Das war ein ausgesprochen abenteuerlicher Einstieg. Der Film beruhte auf einer Idee von Michelangelo Antonioni und einem Drehbuch von mir, Pinelli und Flaiano. Darin war eine Aufnahme auf hoher See vorgesehen: ein kleines Boot, angedockt an ein großes Floß, auf dem die Kamera und ein paar Scheinwerfer standen und das seinerseits über einen metallenen Rumpf mit einem Kahn verbunden war, auf dem sich das Team befand. Dieses Unding befand sich auf dem Meer vor Fiumicino, wo man mich für die erste Klappe meines Lebens erwartete – und wo ich mit Verspätung eintraf. Ein Boot brachte mich aufs Meer hinaus: Dieses schien unbeweglich zu sein, war hinterlistigerweise aber ständig in Bewegung. Ein Wimpernzucken, und schon war die so sorgfältig geplante Einstellung im Sucher nicht mehr zu finden: Statt des Himmels sah man den Strand, statt des Bootes mit den Darstellern den Teil einer Mole. Wir hatten nach diesem Tag nichts im Kasten: eine Katastrophe, eine Niederlage, ich hatte komplett versagt. Die folgende Nacht war die unglücklichste meines Lebens.

»Wir hatten nach diesem Tag nichts im Kasten: eine Katastrophe, eine Niederlage, ich hatte komplett versagt. Die folgende Nacht war die unglücklichste meines Lebens.«

Und was geschah danach?

Am folgenden Tag ging die ganze Truppe nach Fregene. Wir schlugen unser Lager in einem Teil des Fischerdorfes auf, wo es eine kleine Hütte mit Booten gab. Die gehörte einem Fischer namens Ignazio Mastino, der aus Sardinien stammte. Er war in den Dreißigerjahren in die Gegend von Ostia, Fiumicino und Fregene an der römischen Küste gekommen, weil es in diesen Gewässern besonders viele Fische gab. Er erinnerte an einen Olivenbaum, seine Haut war gegerbt vom Salz. Er vermietete uns Boote, und ich gab ihm eine winzige Rolle im Film. Ich ließ ein Boot auf den Strand legen, in das dann die beiden Darsteller Alberto Sordi und Brunella Bovo steigen würden, ließ im Sand ein Loch ausheben, in dem die Kamera Platz fand, und drehte die Szene somit an Land.

Welche anderen Szenen von *Lo sceicco bianco* hast du in Fregene aufgenommen?

Die Szene mit der Schaukel im Pinienwald. Die haben Sordi und ich immer wieder erzählt und einander dabei an Übertreibungen zu übertreffen versucht.

Weißt du noch, wie man beim Filmfestival von Venedig auf *Lo sceicco bianco* reagierte?

Es war eine Katastrophe. Er wurde so heftig verrissen, dass ich jegliche Lust am Weitermachen zu verlieren drohte.

Zum Glück hast du trotzdem weitergemacht.

Der Film wurde am Nachmittag gezeigt, zu einer Zeit, die normalerweise für die Siesta bestimmt ist, vor allem im Sommer. Ab und zu hörte ich Applaus, aber es fiel mir schwer zu glauben, der sei echt, nicht nur weil er schon beim Vorspann begonnen hatte, sondern auch aus einem anderen Grund: Wenn in einem Kinosaal alle pfeifen und nur einer klatscht, hört man als Autor merkwürdigerweise nur das Klatschen dieses einsamen Zuschauers. Tatsächlich wurde ich in den Tagen danach liquidiert oder vielmehr gesteinigt. Gnadenlose Verrisse, am schlimmsten war der von Nino Ghelli in

Bianco e Nero. Nur Giancarlo Fusco, Pietro Bianchi, Tullio Kezich und Vittorio Bonicelli schrieben positiv darüber, aber ihre Stimmen gingen unter in einem Meer der Beleidigungen und Unverschämtheiten. Der Film wurde kaputtgemacht, regelrecht vernichtet. Er lief ein, zwei Tage in ein paar wenigen Kinos, dann verschwand er. Unterdessen machte auch die Produktionsfirma Konkurs. Das Publikum wollte ihn auch deshalb nicht sehen, weil es Alberto Sordi verabscheute. Es verstand ihn nicht, konnte seine Unverschämtheit nicht ausstehen, seine kleine Seminaristenstimme in diesem schweren Körper mit dem dicken Arsch.

Im folgenden Jahr ließ man dir in Venedig für *I vitelloni* aber Gerechtigkeit widerfahren.

Der Film erhielt den Goldenen Löwen, aber um ihn ins Kino zu bringen, mussten wir unglaubliche Schwierigkeiten überwinden. Aus einer Art Trotz dem Publikum gegenüber hatte ich erneut Alberto Sordi besetzt. Nach drei Vierteln der Drehzeit ging dem Produzenten das Geld aus. Niemand wollte den Film verleihen. Der Verleih ENIC, der ihn schließlich nahm, bestand darauf, dass auf den Kopien des Films und den Plakaten der Name Sordi nicht auftauchen dürfe. Der Vertreter des amerikanischen Verleihs RKO schlief während einer Privatvorführung tief ein und fragte mich zum Schluss: »Können Sie mir bitte erzählen, wie es ausgeht?«

Für *La strada* 1954 hat Venedig dich definitiv entschädigt.

La strada erhielt einen Silbernen Löwen und hatte viel mehr Erfolg als *I vitelloni*. Aber bei *Il bidone* (dt. *Die Schwindler*, 1955) schlugen die Kritiker dann wieder heftig zu. Vielleicht hatte sie der harte Ton des Films verwirrt, aber sie sind ihrerseits alles andere als zimperlich gewesen.

Für *La strada* hast du den ersten Oscar erhalten. Was ist dir von dem Zeremoniell in Hollywood in Erinnerung geblieben?

Wir haben es im Chinese Theatre in Beverly Hills geprobt. Der Sunset Boulevard wurde mit Goldstaub bestreut. In der Nähe des Theaters, wo die Zeremonie stattfand, hatte man Tribünen aufgestellt, an denen die großen Stars vorbeiparadierten, die in Limousinen, die an Leichenwagen erinnerten, vorgefahren waren, und vom Licht der schwenkbaren Scheinwerfer wurde einem ganz schwindlig. Links und rechts von einem drehten Zuschauerinnen und Zuschauer durch, schrien, klatschten und stampften vor Begeisterung. Giulietta saß auf Platz 13, ich, Anthony Quinn und Dino De Laurentiis auf den Plätzen daneben. Um uns herum waren Liz Taylor und Mike Todd, Gary Cooper, Bing Crosby, Frank Sinatra, Cary Grant, James Stewart, Deborah Kerr, Clark Gable, Van Johnson, Janet Gaynor und Alan Ladd. Liz Taylor trug ein königliches Diadem zur Schau wie Nofretete. Inmitten dieser Parade funkelnder Kostüme wirkte Giulietta mit ihrer weißen Hermelinjacke über einem Tüllkleid wie ein verarmtes Mädchen, das aus Versehen da mit reingeraten war. Viele glaubten, ich hätte sie tatsächlich in einem Zirkus aufgegabelt und jetzt für den Anlass eingekleidet. Die Statue wollte Dino De Laurentiis abholen, obschon er nie an den Film geglaubt hatte und ihn nicht hatte machen wollen. Nach der Zeremonie gingen wir in einem Restaurant namens Romanov II essen, wo Elsa Maxwell und Louella Parsons Hof hielten und alle Anwesenden gnadenlos zerfetzten. Das Restaurant war mit schwarzem Samt ausgeschlagen, man kam sich vor wie auf einer Beerdigung.

Hatte das ganze Zeremoniell etwas von einer Beerdigung an sich?

Es war eine Art begräbnishafte Modenschau mit karnevalartigen Aspekten, gleichzeitig war es auch berührend und ergreifend, inszeniert im Bewusstsein dessen, was dieses Spektakel war und ist. Denn trotz des Aufsehens, das sie erregt, ist die Oscarverleihung eine interne Angelegenheit, bei der das Kino sich mit sich selbst beschäftigt und versucht, die Toten zu beschwören, Falten, Alter, Krankheiten und das Ende zu verscheuchen. Es hat etwas von einer Karikatur, es ist eine Karikatur des Jüngsten Gerichts, der Auferstehung des Fleisches. Wer wie ich die Mythologie des Kinos akzeptiert, kann einen Preis wie den Oscar nicht ablehnen. Das zu tun wäre kindisch und lächerlich. Das Kino ist schließlich auch mit Zirkus, Karneval, Jahrmärkten und akrobatischen Darbietungen verwandt.

»Wer wie ich die Mythologie des Kinos akzeptiert, kann einen Preis wie den Oscar nicht ablehnen. Das Kino ist schließlich auch mit Zirkus, Karneval, Jahrmärkten und akrobatischen Darbietungen verwandt.«

Hast du damit gerechnet, nach so kurzer Zeit für *Le notti di Cabiria* (dt. *Die Nächte der Cabiria*, 1957) erneut einen Oscar zu erhalten?

Kein bisschen. Die Nachricht kam so unerwartet, traf uns so unvorbereitet, dass wir nicht wussten, wer hinreisen sollte, um die Statuette abzuholen. In letzter Minute flog dann Giulietta. Sie und ich erhielten in der Folge eine seltene Ehrenbezeugung. Henry Miller schrieb uns einen Brief. Darin sagte er, er habe *Le notti di Cabiria* zum zweiten Mal binnen drei Tagen gesehen, sei nach der Vorführung vor seinen Freunden in Tränen ausgebrochen und habe zehn Minuten lang nicht aufhören können zu weinen.

DIE WAHRE GESCHICHTE VON *ROMA, CITTÀ APERTA*

Wie es dazu kam, dass Fellini aufgefordert wurde, am Drehbuch zu *Roma, città aperta* mitzuschreiben, von dieser Geschichte werden mehrere Versionen erzählt. Enrico De Seta sagt dazu: »Soweit ich weiß, hatte Rossellini mit Aldo Fabrizi bereits einen Kurzfilm über den Tod von Don Morosini gedreht, dann aber entschieden, daraus einen Langfilm zu machen. Daraufhin soll ihm Fabrizi gesagt haben: ›Robe', ich kenne einen jungen Mann, der ist klapperdürr, aber der hat schwer was auf dem Kasten. Er heißt Federico Fellini. Schlag ihm vor, am Drehbuch mitzuschreiben.‹ Daraufhin rief Rossellini Fellini an.«

Doch über *Roma, città aperta* gibt es allerlei Kontroversen. Die Entstehung dieses bemerkenswerten Films hat der Drehbuchautor und Schriftsteller Ugo Pirro im Buch *Celluloide* detailliert geschildert. Er schreibt:

»Für die Rolle von Don Morosini wollten Rossellini und [Drehbuchautor] Amidei Fabrizi, aber sie befürchteten, der Schauspieler würde eine zu hohe Gage verlangen. Fabrizi trat damals im Salone Margherita auf. Eines Abends gingen sie hin, um ihn nach der Vorstellung zu treffen. Amidei schilderte ihm in herzzerreißenden Worten, was für eine Rolle er spielen sollte. Als er fertig war, hatte Fabrizi Tränen in den Augen. ›Jetzt wird er die Rolle gratis spielen‹, dachten Rossellini und Amidei, die einander verstohlene Blicke zuwarfen. Stattdessen sagte Fabrizi: ›Ich will eine Million‹, was Rossellini und Amidei bestürzte, für die eine Million eine völlig unverhältnismäßige Summe war. Daraufhin bat Rossellini Fellini, der mit dem Schauspieler eng befreundet war, um Hilfe. Fellini, der damals schon ein großer Verführer war, überzeugte Fabrizi, die Rolle für vierhunderttausend Lire zu spielen, von denen im Lauf der Zeit mal da, mal dort zehntausend Lire abgeknapst wurden, bis nur noch wenige Tausend Lire übrigblieben.«

Rossellini drehte den Film nicht nur ohne Geld, sondern ohne irgendwas: ohne technische Mittel, ohne Team, ohne Requisiten. Er sagte später dazu Folgendes:

»Ich drehte den Film mit ganz wenig Geld, das ich da und dort mit Mühe zusammengekratzt hatte. Es reichte kaum, um das Filmmaterial zu bezahlen, das ich danach nicht entwickeln lassen konnte, da ich erst recht nicht gewusst hätte, wie ich das Labor bezahlen sollte. Wir haben also keine Muster anschauen können, bis die Dreharbeiten abgeschlossen waren. Als ich später noch ein bisschen Geld auftreiben konnte, schnitt ich den Film und zeigte ihn einem kleinen Publikum aus Kennern, Kritikern und Freunden. Fast alle waren enttäuscht.«

Öffentlich gezeigt wurde *Roma, città aperta* erstmals im September 1945 im römischen Kino Quirino, wo der Film nicht viel besser aufgenommen wurde. Die Kritiken waren mehrheitlich negativ. Am Morgen, als diese erschienen, rief Rossellini gegen neun Uhr Magnani an, um sie ihr vorzulesen.

»Welche Arschgeige ruft mich so früh am Morgen an?«, fragte die Schauspielerin.

»Ich bin's, Roberto, ich möchte dir die Kritiken vorlesen, die erschienen sind«, antwortete er.

»Die hab ich schon gelesen, und ich hab auch schon die paar Kritiker zusammengeschissen, die ich erreichen konnte«, sagte Magnani. Dann fragte sie: »Wie viel Uhr ist es?«

»Neun«, antwortete er.

»Oh, Robe', weil du es bist, sag ich es dir im Guten: Verpiss dich.«

Rossellini begann zu lachen.

»Was lachst du, Arschloch?«, fragte Magnani.

»Ich lache, weil wir einen guten Film gemacht haben«, antwortete Rossellini.

»Dann machen wir noch einen. Ich möchte mir dir noch einen machen, weil du zwar ein Riesenarschloch bist, aber du weißt, was du machst. Aber lass mich jetzt weiterschlafen, reden wir heute Abend davon«, sagte sie und hängte auf.

Was Fellinis Beitrag zu *Roma, città aperta* betrifft, so schreibt Ugo Pirro:

»Fellinis Beitrag betraf vor allem die Dialoge. Er schlug viele der Gags vor, dank denen Fabrizi besser mit der Dramatik der Rolle von Don Morosini umgehen konnte, die ihm Angst machte. Er versuchte, die finstere Geschichte etwas aufzulockern. Die Szene, in der Don Morosini einem kranken alten Mann eine Bratpfanne auf den Kopf schlägt, damit dieser meint, er sei tödlich verwundet und brauche die Letzte Ölung, was Morosinis Anwesenheit in dem Haus rechtfertigt, das die misstrauischen Deutschen durchsuchen – diese Szene stammte von Fellini. Sonst hat ihn der Film nicht sonderlich interessiert, dafür gewann er Rossellini immer lieber. Schon damals hatte Fellini ganz andere Bilder im Kopf als Rossellini: Sie stammten aus dem Bereich des Varietés, für das er eine melancholische Vorliebe hatte.«

ROBERTO ROSSELLINI, ANNA MAGNANI UND INGRID BERGMAN

Im Februar 1981 lud Fellini mich zum Abendessen zu sich nach Hause an der Via Margutta ein, der Straße, wo viele römische Künstler wohnten. Nach dem Essen gab er sich der Erinnerung an die heroischen Zeiten nach dem Krieg hin und erzählte unter anderem davon, wie Roberto Rossellini heimlich in die USA reiste, um Ingrid Bergman zu treffen, und wie Anna Magnani darauf reagierte.

Das war 1948. Roberto Rossellini hatte kurz zuvor den berühmten Brief von Ingrid Bergman erhalten: »Lieber Herr Rossellini, ich habe Ihre Filme *Roma, città aperta* und *Paisà* gesehen, die mir ungeheuer gefallen haben. Sollten Sie je eine schwedische Schauspielerin brauchen, die sehr gut Englisch spricht, ihr Deutsch nicht vergessen hat, kaum Französisch versteht und auf Italienisch nur ›Ich liebe dich‹ sagen kann, bin ich bereit, nach Italien zu kommen, um mit Ihnen zu arbeiten.« Der Regisseur zog es vor, seinerseits nach Amerika zu reisen.

Roberto Rossellini und Anna Magnani wohnten damals im Excelsior, dem elegantesten Hotel der Via Veneto. Die Schauspielerin hatte durchgesetzt, dass in ihrer Suite auch ihre drei Hunde wohnen durften. Eines Morgens war der Regisseur ganz leise aufgestanden, auf Zehenspitzen ins Bad gegangen, hatte sich geräuschlos angekleidet und war auf dem Weg zur Tür …

»Robe’, wohin gehst du?«, fragte die Schauspielerin aus dem Bett, als er gerade bei der Tür angelangt war.

»Ich geh mit den Hunden ein bisschen spazieren bei der Villa Borghese«, antwortete der Regisseur auf der Suche nach einer plausiblen Ausrede.

»Um diese Zeit? Im Morgengrauen?«

»Ich bin ein bisschen nervös, ich konnte nicht mehr schlafen.«

»Na gut, dann geht ihr eben Gassi bei der Villa Borghese.«

So war er gezwungen, die Hunde mitzunehmen. Doch kaum war er in der Lobby angelangt, vertraute er die Tiere dem Portier an, ließ ein Taxi kommen und raste zum Flughafen, um in die USA zu fliegen.

Die Schauspielerin brachte das ganze Hotel in Aufruhr. Nicht einmal die Hunde blieben verschont. Sie warf ihnen vor, mit keinem Mucks darauf hingewiesen zu haben, dass Rossellini dabei war, sie zu hintergehen. Sie beschimpfte sie als »blöde Viecher, widerliche Hundsfötte, infame Verräter!«

Während Federico Fellini das erzählte, schüttelte Giulietta Masina immer wieder den Kopf. Und schließlich sagte sie ihrem Mann: »Du hast die Geschichte toll erzählt, aber eines hast du vergessen.«

»Was soll ich vergessen haben, Giulietta?«

»Das Wichtigste.«

»Was?«

»Dass Roberto sich ganz und gar nicht wie ein Gentleman verhalten hat.«

»Das spielt doch keine Rolle, Giulietta.«

»Oh, doch, und wie!«

»Nein, Giulietta.«

»Du hättest sagen müssen …«

»Was hätte ich sagen müssen?«

»Dass Roberto sich wie ein Dreckskerl verhalten hat.«

»Giulietta, ich habe doch einfach nur eine Geschichte erzählt.«

»Wenn du nicht erzählst, dass Roberto sich wie ein Dreckskerl verhalten hat, dann bedeutet das, dass du sein Verhalten gutheißt!«

»Ich habe doch nichts gutgeheißen, Giulietta!«

»Wenn du nicht sagst, er habe sich wie ein Dreckskerl verhalten, dann bedeutet das, dass du sein Komplize bist.«

»Was soll denn ich damit zu tun haben, Giulietta?«

»Warum sagst du dann nicht, er habe sich wie ein Dreckskerl verhalten?«

»Giulietta, ich bitte dich!«

»Ich weiß genau, warum du es nicht sagst.«

»Und warum sage ich es nicht?«

»Weil du dich genau so verhalten hättest wie er!«

»Giulietta und ich sind das ideale Paar, der Inbegriff des italienischen Ehepaars«, sagte Federico Fellini, streichelte zärtlich seine Frau und geleitete mich zur Tür.

LA DOLCE VITA, ANITA EKBERG, MARCELLO MASTROIANNI
1980

Was fällt dir vor allem ein zu *La dolce vita*?

Mehr noch als mit der Via Veneto hat *La dolce vita* für mich mit Anita Ekberg zu tun.

Wie war sie? Was hast du für einen Eindruck gehabt, als du ihr zum ersten Mal begegnet bist?

Sie war von einer monströsen Schönheit. Getroffen habe ich sie zum ersten Mal 1959 im Hôtel de la Ville, einem Hotel im Zentrum Roms, wo sie wohnte. Ich hatte noch nie etwas Vergleichbares gesehen. Am selben Abend traf ich Marcello Mastroianni, der mir sagte, sie erinnere ihn an einen Wehrmachtsoldaten. Tatsächlich wollte er einfach nicht zugeben, dass auch er noch nie eine solch wundersame, eine solch unglaubliche Schönheit gesehen hatte.

Und wie verlief diese erste Begegnung?

Sie wollte das Drehbuch sehen, wissen, wer sonst mitspielte, was für eine Figur sie darstellen sollte.

Sie erzählt, sie habe gefragt: »Wo ist das Drehbuch?«, und du habest geantwortet: »Es gibt kein Drehbuch.« Stimmt das?

Mehr oder weniger.

Darauf habe sie ihrem Agenten gesagt: »Ich hatte dir doch gesagt, das sei Blödsinn. Das ist kein Regisseur, das ist ein Spinner. Wie soll man einen Film drehen ohne Drehbuch?«

Ihr Agent war dabei, aber ich weiß nicht mehr, ob sie ihm wirklich das gesagt hat, was sie heute glaubt, gesagt zu haben. Ich glaube nicht, dass sie ihm in meinem Beisein gesagt haben kann, ich sei ein Spinner.

Stimmt es, dass du ihr gesagt hast: »Ich erkläre dir mündlich, was du spielen sollst, dann schreiben wir das Drehbuch. Besser noch, schreib du es doch«?

Das weiß ich nicht mehr, das ist so viele Jahre her.

*»Um gegen die Kälte anzukommen,
trank Mastroianni eine Flasche Wodka,
und als wir dann gedreht haben,
war er völlig besoffen.«*

Ist es wahr, dass sie dann ihrem Agenten gesagt hat: »Ist das wirklich ein Regisseur? Der will, dass ich das Drehbuch schreibe. Ich habe noch nie was geschrieben außer Briefe an meine Mutter in Schweden. Will der gar nicht, dass ich in seinem Film mitspiele, sondern vielleicht was ganz anderes von mir?«

Woher soll ich wissen, was sie ihrem Agenten gesagt hat? Ich erinnere mich, dass ich ihr ein paar Tage später ein paar Seiten geschickt habe, auf denen ich ihr beschrieb, was sie tun solle, und dass wir dann mit dem Film angefangen haben. Wie bei den anderen Schauspielerinnen und Schauspielern habe ich von einem Tag auf den anderen die Texte geschrieben, die sie sprechen sollten, und sie dann gefragt: »Gefallen sie dir? Wenn nein, können wir sie ändern.«

Hat Ekberg sich ohne Umstände darauf eingelassen, in den Trevi-Brunnen zu steigen?

Die Ekberg kam aus dem Norden, sie war jung, stolz wie eine Löwin und brüstete sich mit ihrer guten Gesundheit. Sie machte nicht die geringsten Umstände. Sie blieb längere Zeit im Brunnenbecken, ruhig, gleichmütig, als werde sie vom Wasser gar nicht berührt, als spüre sie die Kälte überhaupt nicht, dabei war das im März, und man fröstelte nachts. Bei Mastroianni war das ganz anders. Der musste sich ausziehen, in einen Taucheranzug schlüpfen und darüber seine Kleider anziehen. Um gegen die Kälte anzukommen, trank er außerdem eine Flasche Wodka, und als wir dann gedreht haben, war er völlig besoffen.

Wie lange habt ihr an der Szene gedreht?

Die Dreharbeiten beim Trevi-Brunnen zogen sich über acht oder neun Nächte hin. Manche Besitzer der Häuser am Platz ließen sich dafür bezahlen, dass Schaulustige Balkone, Fenster und Terrassen benutzen durften. Am Ende jeder Aufnahme brüllten die Leute. Das war ein Schauspiel im Schauspiel. Jedes Mal, wenn ich ein Foto der Ekberg im Trevi-Brunnen sehe, habe ich das Gefühl, diese magischen Momente wieder zu erleben, diese schlaflosen Nächte, inmitten Tausender von Katzen und all der Leute, die von überallher kamen, um bei den Aufnahmen dabei zu sein.

Stimmt es, dass du bei der ersten Begegnung mit Mastroianni in Fregene gesagt hast: »Ich habe für die Hauptrolle an Sie gedacht, weil Sie ein Allerweltsgesicht haben«? So jedenfalls hat Mastroianni das erzählt.

Erst einmal muss ich dazu sagen, dass das nicht die erste Begegnung war. Er konnte sich nicht mehr daran erinnern, aber zum ersten Mal hatte ich ihn 1948 im Teatro delle Arti gesehen, wo er mit Giulietta in Leo Ferreros *Angelica* spielte. Giulietta hatte ihn mir vorgestellt, als ich nach der Vorstellung in die Garderobe gegangen war, um ihr zu gratulieren. Dann schickte er mir anlässlich *I vitelloni* ein Telegramm. Er schrieb, der Film habe ihn begeistert. Giulietta erzählte oft von ihm, und als ich *La dolce vita* vorbereitete, schlug sie mir ihn für die Rolle des Journalisten vor. Ich weiß nicht mehr, ob ich irgendwelche Filme gesehen hatte, in denen er mitspielte, aber entgegen den Wünschen von Dino De Laurentiis, der unbedingt Paul Newman für die Rolle haben wollte, lud ich Marcello nach Fregene ein. Ich weiß, dass das um die Mittagszeit war. Ich war mit Flaiano in der Villa dei Pini. Er kam, wir haben ein bisschen geplaudert, alles ziemlich vage. Ich glaube aber nicht, dass ich gesagt habe: »Ich habe an Sie gedacht, weil Sie ein Allerweltsgesicht haben.« Ich erkenne mich in diesem Satz nicht wieder.

Was hast du ihm denn gesagt?

Ich habe ihm sehr vage die Rolle beschrieben: ein etwas zynischer Journalist, ein Zeuge, der aber auch in das verwickelt ist, was er beobachtet. Ich glaube nicht, dass ich ihn herablassend betrachtet habe, ich sitzend, er stehend. Ich wollte ihn bestimmt nicht erniedrigen. Wahrscheinlich habe ich ihm die Gründe zu erklären versucht, warum ich Paul Newman nicht wollte: Wie sollte Paul Newman glaubhaft sein als Journalist in der Via Veneto, wo die Paparazzi doch auf ihn Jagd gemacht hätten? Wir brauchten vielmehr einen Hauptdarsteller, der dem Publikum nicht vertraut war, der nicht das Gesicht eines Stars hatte. Ich weiß noch, dass De Laurentiis mir sagte: »Das ist ein weicher, braver Schauspieler, wie selbst gebackenes Brot, der an seine Kinder denkt und nicht daran, Weiber flachzulegen.« Als Alternative zu Paul Newman schlug er Gérard Philipe vor, konnte sich aber nicht durchsetzen, und so verzichtete er auf den Film.

»Wir erzählen immer neue Versionen dessen, was passiert ist, um uns nicht zu langweilen.«

Mastroianni erzählt auch, als er dich um das Drehbuch gebeten habe, habest du zu Flaiano gesagt: »Gib's ihm, Ennio«, und Flaiano habe ihm eine Mappe gegeben, in der nichts als eine ziemlich obszöne Zeichnung war.

Wir erzählen immer neue Versionen dessen, was passiert ist, um uns nicht zu langweilen. Die Geschichte von der Zeichnung stimmt aber. Man sah darauf einen Mann mit einem ellenlangen Penis. Er spielte im Wasser den toten Mann und betrachtete aus den Augenwinkeln die halbnackten Frauen um ihn herum, und da waren noch Fische, die zwischen den Riesentitten, Riesenärschen und Riesenschwänzen herumflitzten. Marcello reagierte ziemlich konsterniert. Aber das war nur ein Scherz. Ennio und ich machten ständig Scherze. Ich sagte ihm, wir würden uns bald wiedersehen, und tatsächlich trafen wir uns einige Tage später in Rom. Wir fuhren im Auto durch Rom und um Rom herum, entwickelten freundschaftliche Gefühle und Vertrauen zueinander, und ich beschloss, ihn zu nehmen. Auf De Laurentiis folgte Peppino Amato, der Produzent und Regisseur, der Rossellinis *Francesco, giullare di Dio* produziert hatte. Alle wollten damals wie heute im Vorfeld das große Geschäft machen, und als der Film schließlich bei Angelo Rizzoli landete, kostete er mittlerweile enorm viel Geld.

»Der Neorealismus war für mich im Wesentlichen gleichbedeutend mit Roberto Rossellini.«

Stimmt es, dass dir bei einer Galavorführung am 5. Februar 1960 im Capitol in Mailand ein Zuschauer vor Wut ins Gesicht spuckte?

Ich und Marcello konnten uns nur knapp davor retten, gelyncht zu werden. Während mir ins Gesicht gespuckt wurde, wurde er als »Rumtreiber«, »Aas«, »Wüstling« und »Kommunist« beschimpft. Der *Osservatore Romano* taufte den Film in »La schifosa vita«, »Das ekelhafte Leben«, um. Jemand forderte, der Film solle verbrannt und mir der Pass entzogen werden. Die sonstigen Kritiken in Italien waren mehrheitlich positiv, und im Ausland stieß er gleich auf große Zustimmung. Der Abend, an dem er beim Festival von Cannes gezeigt wurde, ist unvergesslich. Ich, Anita, Marcello und die anderen Darsteller gingen zu Fuß ins Hotel, flankiert von einer Menge, die am Durchdrehen war. Georges Simenon, der Jurypräsident, und Henry Miller als Mitglied der Jury hatten sich dafür ins Zeug gelegt, dass der Film mit der Goldenen Palme ausgezeichnet wurde.

Mit *La dolce vita* wurde ein wichtiges Kapitel des italienischen Films endgültig abgeschlossen: die Zeit des Neorealismus. Wie schätzt du diesen heute ein?

Ich möchte lieber von »entwickeln« als von »abschließen« reden. Wie ich schon gesagt habe, war der Neorealismus für mich im Wesentlichen gleichbedeutend mit Roberto Rossellini. Der andere Vater des Neorealismus war Cesare Zavattini. Zavattini ist ein Poet, ein sprudelnder Quell von Ideen, Phantasien, neuen Perspektiven. Die Zusammenarbeit von Zavattini und Vittorio De Sica war äußerst fruchtbar: *Sciuscià* (dt. *Schuhputzer*, 1946), *Ladri di biciclette* (dt. *Fahrraddiebe*, 1948), *Umberto D.* (dt. *Umberto D.*, 1952), *Miracolo a Milano* (dt. *Das Wunder von Mailand*, 1951). Wenn meine Erinnerung mich nicht täuscht, kam *Miracolo a Milano* im selben Jahr heraus wie Rossellinis *Francesco, giullare di Dio*. Dieser Film stellte einen Übergang oder eine Entwicklung dar. Bis zu diesem Jahr war der Neorealismus eine spontane Bewegung gewesen, eine Möglichkeit, die Wirklichkeit mit einem nüchternen, unbefangenen Blick zu betrachten, eine Möglichkeit, sich der Welt bewusst zu werden. Doch jetzt wurde es Zeit, sich des Menschen bewusst zu werden, den gleichen Blick auf das Innere des Menschen zu richten. *Francesco, giullare di Dio* war ein Versuch, in diese Richtung zu gehen, und Rossellini ist ja dann auch in diese Richtung weitergegangen bis zu *Il generale Della Rovere* (dt. *Der falsche General*, 1959).

Der Neorealismus hatte insofern einen Sinn, als er direkt dem Leben entsprang, aber das Leben wandelt sich unablässig. Rossellini hatte die Sensibilität, sich im Einklang mit dem Leben zu verändern, auch wenn er damit gegen seine theoretischen Prinzipien verstieß. Aber er hat ein bisschen zu viel spekuliert auf den Neorealismus, auch aus kommerziellen Gründen. Wäre das nicht passiert, könnten wir alle uns heute noch als Neorealisten bezeichnen.

ANITA EKBERGS VERSION

Es macht Spaß zu hören, wie Anita Ekberg von ihrer Begegnung mit Fellini, ihrer Mitwirkung an *La dolce vita* und der Sequenz, in der sie in den Trevi-Brunnen steigt, erzählt.

»Schon als Kind träumte ich davon, eines Tages nach Rom zu reisen. Tatsächlich kam es dazu in den Fünfzigerjahren, als ich in King Vidors *War and Peace* (dt. *Krieg und Frieden*, 1956) mitspielte. Ich logierte im Hôtel de la Ville bei der Kirche Trinità dei Monti. Damals herrschte noch nicht das Chaos von heute, und so brauchte ich vom Hôtel de la Ville bis zur Cinecittà nur fünf Minuten. Ich fuhr ein Mercedes 300 SL-Cabriolet, dessen Verdeck ich, auch wenn es regnete, offen ließ, sodass meine Haare im Wind flatterten. Vermutlich bin ich Fellini auf der Straße oder in der Cinecittà aufgefallen, und er sagte meinem Agenten, er wolle mich kennenlernen. Ich sagte dem Agenten: ›Aber diesen Fellini kennt kein Mensch, wozu soll ich den treffen?‹

Mein Agent verabredete trotzdem ein Treffen mit ihm in meinem Hotel. Ich sprach kein Wort Italienisch, Fellini sprach kein Wort Englisch. Mein Agent übersetzte. Ich sagte Fellini: ›Zeig mir das Drehbuch.‹ Fellini antwortete: ›Es gibt kein Drehbuch.‹

›Das ist Blödsinn‹, sagte ich meinem Agenten. Fellini sagte: ›Ich erkläre dir mündlich, was du spielen sollst, dann schreiben wir das Drehbuch.‹

›Der spinnt‹, sagte ich meinem Agenten.

›Wenn du willst, kannst du das Drehbuch selbst schreiben‹, sagte mir Fellini.

›Der spinnt wirklich‹, sagte ich meinem Agenten.

Wir trennten uns, ohne irgendetwas abgemacht zu haben. Aber einige Tage später schickte mir Fellini ein paar Seiten ins Hotel mit Dialogen in einem miserablen, entsetzlichen Englisch. Ich las sie und lachte mich tot. Ich sagte mir: ›Das könnte ja ganz lustig sein, aber mit einem solchen Spinner kann ich keinen Film machen.‹ Dessen ungeachtet schloss mein Agent einen Vertrag ab, und ich steckte fest.

Wir begannen zu drehen. Fellini schrieb die Dialoge von einem Tag auf den anderen und fragte mich dann: ›Was meinst du dazu? Wenn dir der Text nicht gefällt, ändern wir ihn.‹ Wir kamen zur Szene im Trevi-Brunnen. Diese Szene hatte tatsächlich stattgefunden, bevor ich Fellini kennenlernte. Eines Nachts machte ich Fotos mit Pierluigi, dem Fotografen des Films. Ich war barfuß und schnitt mir in den Fuß. Ich suchte nach einem Brunnen, um den blutenden Fuß zu waschen, und kam so unversehens auf die Piazza di Trevi. Es war Sommer. Ich trug ein weiß-rosafarbenes Baumwollkleid, wobei das Oberteil wie ein Herrenhemd aussah. Ich raffte den Rock, stieg in das Brunnenbecken und sagte Pierluigi: ›Du kannst dir nicht vorstellen, wie erfrischend das Wasser ist. Komm mit rein!‹

›Rühr dich nicht!‹, sagte Pierluigi und begann zu knipsen. Diese Fotos verkauften sich wie warme Semmeln. Aber jetzt kommt's: Ich war im August ins Becken gestiegen, Fellini jedoch ließ mich im März hineinsteigen.

Ich habe Fellini berühmt gemacht, nicht umgekehrt. Als der Film in New York gezeigt wurde, machte der Verleiher von der Szene im Trevi-Brunnen ein Plakat so hoch wie ein Wolkenkratzer. Mein Name stand mitten drauf, riesengroß, der Name von Fellini ganz unten, winzig klein. Seither ist Fellinis Name riesig geworden, und meiner winzig klein. Alle sagten, ich hätte kein Talent, ich hätte bloß lange blonde Haare und einen majestätischen Busen. Aber *La dolce vita* war der reinste Spaziergang für mich, die Rolle hätte ich mit verbundenen Augen spielen können. Alle drei Tage kommt die Szene im Fernsehen. Und die Ansager sagen dann nicht: ›*La dolce vita* von Fellini mit Anita Ekberg‹, sondern ›*La dolce vita* von Anita Ekberg mit Fellini‹ oder sogar nur ›*La dolce vita* von Anita Ekberg‹.«

La dolce vita wurde ein beispielloser Skandal. Fellini wurde vorgeworfen, Rom zum Symbol verrückten Lebens, des Lasters und des Verderbens gemacht zu haben, zu einer Art Symbiose von Sodom und Gomorrha. Der englische Autor Evelyn Waugh schrieb, Rom sei von einer neuen Welle der Barbarei bedroht, und er kenne keine andere Stadt der Welt, in der eine solche Atmosphäre unheilbarer Dekadenz herrsche.

Wie Fellini sich erinnerte, erschienen im *Osservatore Romano*, dem Presseorgan des Vatikans, mindestens sieben Artikel gegen den Film, einer wütender als der andere (es heißt, manche seien von Oscar Luigi Scalfaro, dem späteren Staatspräsidenten, verfasst worden). Die Jesuiten hingegen zögerten nicht, den Film zu verteidigen, womit sie den Zorn des Vatikans herausforderten.

Angelo Arpa, Pater der Gesellschaft Jesu und seit den Fünfzigerjahren mit Fellini befreundet, erzählte:

»Ich ließ *La dolce vita* zuerst im Centro San Fedele in Mailand und dann im Istituto Arecco in Genua vorführen. In Mailand reagierten die Anwesenden positiv, aber im Vatikan reagierte man umso negativer. Der Leiter des Centro San Fedele, Pater Nazareno Taddei, wurde seines Amtes enthoben, und ich erhielt aus den höchsten Sphären einen strengen Verweis. Bei der Vorführung im Istituto Arecco in Genua war auch Kardinal Siri dabei, Präsident der italienischen Bischofskonferenz, die im Vatikan große Macht hatte. Nach der Vorführung fragte mich Siri: ›Was halten Sie davon?‹

›Hinsichtlich der Filmsprache ist das ein neuartiger und origineller Film‹, antwortete ich.

›Und hinsichtlich der Moral?‹, fragte er.

›Das ist ein Film, der zum Nachdenken anregt‹, antwortete ich.

›Ich werde ihn meinen Seminaristen vorführen‹, sagte er.

Danach schrieb er einen wunderschönen Brief an Fellini. Aber nicht einmal die Meinung von Kardinal Siri vermochte beim Vatikan etwas auszurichten. Nach den Artikeln im *Osservatore Romano* wurde der Film verboten, und man drohte Katholiken, die ihn trotzdem anschauten, mit der Exkommunikation. Ich fragte den Chefredakteur des *Osservatore Romano*, Graf Giuseppe Dalla Torre: ›Haben Sie den Film denn gesehen?‹

›Wozu soll ich mir eine solche Sauerei anschauen?‹, antwortete er. Ich glaube aber nicht, dass manche der Attacken im *Osservatore Romano* von Scalfaro geschrieben wurden. Ich kann seinen Stil darin nicht erkennen.«

Erst 1994, nach Fellinis Tod, wurde *La dolce vita* rehabilitiert. In einem Artikel in *Civiltà Cattolica*, der Zeitschrift der Gesellschaft Jesu, schrieb Pater Virgilio Fantuzzi: »Können frühere Fellini-Filme als *viae crucis* betrachtet werden, die Menschen gehen müssen, welche Pier Paolo Pasolini als ›schmutzige Gekreuzigte ohne Dornenkrone‹ bezeichnete, trifft das auf seine Weise auch auf *La dolce vita* zu: Darin können wir die Etappen des Leidenswegs eines Sünders verfolgen, der über sein Versagen angesichts der Pflichten, welche das Leben ihm abverlangt, nachdenkt.«

OTTO E MEZZO, GIULIETTA DEGLI SPIRITI, FREGENE, *FELLINI SAYTRICON, I CLOWNS* *1961–1971*

Während der Vorbereitungen zu *Otto e mezzo* hast du gesagt, der Film werde keine besonderen Interpretationsprobleme aufwerfen. Für einen Großteil des Publikums hat er sich aber als unverständlich erwiesen. In Cosenza in Kalabrien haben sich Zuschauer auf die Kinobesitzer stürzen wollen vor lauter Wut über die Undurchdringlichkeit des Films.

Ich kann meine Filme nicht gut beurteilen. Filme zu drehen ist meine Art zu leben. Drehe ich gerade keinen Film, so bereite ich einen vor. Doch scheint mir *Otto e mezzo* kein schwer verständlicher Film zu sein. Für mich ist das ein befreiender Film, und ich hoffe, er hat auch auf das Publikum eine befreiende Wirkung, selbst wenn das bei den Zuschauern in Cosenza nicht der Fall war.

Bist du denn zufrieden mit dem Film, deinen Mitarbeitern, den Darstellern?

Ja, warum auch nicht? Mit meinen Mitarbeitern bin ich mittlerweile vollkommen im Einklang. Und meinen Darstellern gegenüber empfinde ich die gleiche Liebe und die gleiche Zärtlichkeit, die ein Puppenspieler für seine Marionetten empfindet. Im Film gibt es das Mittel der Großaufnahme, eine gnadenlose Röntgenaufnahme dessen, was in jemandem drinsteckt. Die große Kunst besteht nur darin, im Erfundenen das Wahre durchscheinen zu lassen. Mastroianni hat das mit großer Bescheidenheit und totaler Hingabe getan, und entsprechend umwerfend ist seine schauspielerische Leistung. Anouk Aimée lässt einen die träge, sinnliche Figur, die sie in *La dolce vita* verkörpert hat, vollkommen vergessen. Claudia Cardinale war für mich auf eine ähnliche Weise wichtig wie die Fee mit den türkisen Haaren für Pinocchio. Sandra Milo ist entzückend. Auch alle anderen Darsteller sind gut. Nach Abschluss der Dreharbeiten waren alle ein bisschen traurig, weil das Fest vorbei war. Was mich betrifft, so kann ich zu *Otto e mezzo* nur sagen, dass es mir ein Film zu sein scheint, der ehrlich bis zur Schamlosigkeit ist und einen irritieren kann. Er ist aber auch komisch und unterhaltsam.

»Meinen Darstellern gegenüber empfinde ich die gleiche Liebe und die gleiche Zärtlichkeit, die ein Puppenspieler für seine Marionetten empfindet.«

Bei keinem anderen deiner Filme haben die Kritiker so viele Namen von Schriftstellern und Cineasten bemüht: Kierkegaard, Proust, Gide, Joyce, Bergman, Resnais, Pirandello.

Ich gehe so in meiner Arbeit auf, dass ich überhaupt nicht an die Kritik denke. Die Kritik ist der Entstehung meiner Ideen und deren filmischer Umsetzung völlig fremd. Ist der Film fertig, dann bin ich kleinherzig genug, mich über positive

Kritiken zu freuen; negative Kritiken lösen hingegen einen Verteidigungsreflex aus. Was nun *Otto e mezzo* betrifft, so haben die Kritiker eine Solidarität an den Tag gelegt, die über ihren Beruf und das bloße ästhetische Faktum hinausging.

Manche Kritiker haben auf Resnais' ***L'année dernière à Marienbad*** **(dt.** ***Letztes Jahr in Marienbad*****, 1960) verwiesen. Was hältst du von diesem Vergleich?**

Ich habe Resnais' Film nicht gesehen. Als er herauskam, habe ich ein paar Bilder daraus gesehen und Besprechungen gelesen. Ich hatte den Eindruck, es handle sich um einen Film, der auf einer Ebene purer intellektueller Abstraktion funktioniert. So gesehen wäre *Otto e mezzo* das Anti-*Marienbad*. Manche Probleme liegen einfach in der Luft, erhascht man intuitiv. Ist ein Mensch dem Leben gegenüber offen, ist er auch offen gegenüber Problemen, welche Kultur, Literatur und die Kunst aufwerfen.

Während du ***Otto e mezzo*** **drehtest, drehte Ingmar Bergman** ***Tystnaden*** **(dt.** ***Das Schweigen*****, 1963), Elia Kazan** ***America America*** **(dt.** ***Die Unbezwingbaren*****, 1963), schrieb Arthur Miller** ***After the Fall*** **(dt.** ***Nach dem Sündenfall*****, 1964), Jean-Paul Sartre** ***Les mots*** **(dt.** ***Die Wörter*****, 1965) und Max Frisch** ***Mein Name sei Gantenbein*** **(1964) – lauter Werke mit einem subjektiven, autobiographischen Hintergrund.**

Mit all diesen Werken habe ich überhaupt nichts zu tun.

Hast du Joyces ***Ulysses*** **(1922) nicht gelesen? Laut Alberto Moravia sollst du ihn gelesen und darüber sinniert haben, und Guido Anselmi, der Protagonist deines Films, gleiche dem Leopold Bloom von Joyce.**

Tut mir leid, wenn ich Moravia enttäusche, aber ich habe *Ulysses* nie gelesen.

Andere Kritiker haben Kierkegaard, Guido Gozzano, Marino Moretti[12] erwähnt. Findest du diese Verweise zutreffend?

Einerseits schmeicheln mir solche Verweise, da sie mich in die Nähe angesehener Autoren rücken, andererseits stimmen sie mich traurig, weil solche literarischen Verweise absolut nicht nötig sind, um meine Filme zu verstehen. *Otto e mezzo* am nächsten gekommen sind jene Kritiker, die auf solche Verweise verzichteten. Inwiefern diese Verweise zutreffen, kann ich aber auch deswegen nicht beurteilen, weil ich die erwähnten Autoren gar nicht kenne. Kierkegaard und Marino Moretti kenne ich dem Namen nach, von Gozzano habe ich vielleicht mal ein Gedicht in der Schule gelesen. Damit will ich meine Ignoranz nicht verteidigen. Ich habe eine riesenlange Leseliste, aber ich komme einfach nicht dazu. Das Leben macht mich viel neugieriger als die Bücher. Museen und Bibliotheken sind nicht für Künstler bestimmt. Natürlich hat man dank der Lektüre nützliche und außergewöhnliche Begegnungen, kommt mit großen Geistern in Kontakt. Aber ich bin ein sprunghafter, unsystematischer Leser. Ich bin schlecht informiert.

Hast du Proust gelesen, den Autor, der im Zusammenhang mit *Otto e mezzo* am allerhäufigsten erwähnt wird?

12 Gozzano und Moretti waren beides Schriftsteller, die dem sogenannten Crepuscolarismo zugerechnet wurden, einer literarischen Strömung in Italien Anfang des 20. Jahrhunderts, die als Gegenbewegung zur vorangegangenen schwülstigen Lyrik entstand.

Tut mir leid, auch hier muss ich mit Nein antworten.

»Bergman ist mir ebenso sympathisch wie ich ihm: Wir gehören zum selben Schlag und riechen beide nach Pferdezirkus.«

Und hast du *Smultronstället* (dt. *Wilde Erdbeeren*, 1957) gesehen? Das ist der Bergman-Film, der im Zusammenhang mit *Otto e mezzo* gern erwähnt wird.

Dieser Film hat gereicht, damit ich begriffen habe, was für ein großer Künstler Bergman ist. Aber *Otto e mezzo* hatte ich schon vor ungefähr sechs Jahren im Kopf, das heißt, bevor ich an *La dolce vita* gedacht habe. Dennoch ist das ein Vergleich, der mir schmeichelt. Bergman ist ein wahrer Mann der Schaulust, des Spektakels, ihm sind alle Mittel recht, auch diejenigen des Illusionismus, eines esoterischen Illusionismus, der auf spielerische Weise eine problematische und beunruhigende Realität vorführt. Ihm ist nicht an gutem Geschmack gelegen, an gepflegter Ausstattung. Bergman ist mir ebenso sympathisch wie ich ihm: Wir gehören zum selben Schlag und riechen beide nach Pferdezirkus.

Verzeih, wenn ich jetzt indiskret werde: Welche Filme hast du in den letzten fünf Jahren gesehen und welche Bücher gelesen?

Außer *Smultronstället* habe ich Kurosawas *Shichinin no samurai* (dt. *Die sieben Samurai*, 1954) gesehen. Wie Bergman ist auch Kurosawa ein wahrer Schöpfer, ein wahrer Zauberer, aber kein Mystifizierer: Seine Welt ist wahr, reich, phantasievoll, er bringt sie mit gewaltiger Kraft zum Ausdruck und scheut dabei auch nicht davor zurück, in die Trickkiste unseres Gewerbes zu greifen. Dann habe ich Chaplins *A King in New York* (dt. *Ein König in New York*, 1957) gesehen, Pasolinis *Accattone* (dt. *Accattone – Wer nie sein Brot mit Tränen aß*, 1961), Brunello Rondis *Una vita violenta* (dt. *Ein gewalttätiges Leben*, 1962), Marco Ferreris *El cochecito* (dt. *Der Rollstuhl*, 1960) und Franco Rossis *Odissea nuda* (dt. *Die nackte Odyssee*, 1961). Gelesen habe ich Flaianos *Tempo di uccidere* (dt. *Alles hat seine Zeit*, 1947), Moravias *La noia* (dt. *La noia*, 1960) und dann Bücher von Pasolini, Tommaso Landolfi, Gadda, Palazzeschi. Außerdem lese ich gern Bücher über Magie, Gerichtsverfahren und die Vermischten Meldungen in Zeitungen.

Für *Otto e mezzo* hast du einen dritten Oscar erhalten. Wie hat man dich in Los Angeles empfangen? Schließlich warst du nun nicht mehr der wenig bekannte Fellini von *La strada*, sondern ein weltberühmter Cineast.

Diesmal waren wir eine ganze Karawane, die nach Hollywood gereist ist: ich, Giulietta, Angelo Rizzoli, Sandra Milo und der Produzent Moris Ergas. Auch Piero Gherardi war da, der Kostümbildner, der für *La dolce vita* einen Oscar erhalten hatte und jetzt für *Otto e mezzo* einen zweiten bekam. Ja, die Stimmung um uns herum war jetzt eine andere. Ich kann mich erinnern, dass ich eines Nachts einen Spaziergang um unser Hotel herum machte und dabei von einem Polizisten angehalten wurde. Ich sagte ihm: »Ich bin Federico Fellini«, aber das nahm er mir nicht ab, er hielt mich für einen Mythomanen. Vor dem Oscar hatte der Film bereits den Großen Preis des Moskauer Filmfestivals erhalten und in New York gewaltigen Erfolg gehabt. Auch da war ich bei der Präsentation dabei. Es gab eine Galavorführung im neuen Festivalkino und eine normale in der Botschaft. Bei der Galavorführung waren Joan Crawford, Claudette Colbert, Myrna Loy, Shelley Winters, Arthur Miller und Elia Kazan. Das amerikanische Publikum hat *Otto e mezzo* besser verstanden als das italienische, vielleicht weil es eher an im weitesten Sinne psychoanalytische Interpretationen gewöhnt ist.

»New York wäre die Stadt, die meinen Filmen am ehesten entspräche. Sie fasziniert mich, sie wimmelt von völlig verrückten Menschen, aber sie ist menschlich, zutiefst menschlich.«

Bist du wieder in Versuchung gekommen, einen Film in New York spielen zu lassen?

New York wäre die Stadt, die meinen Filmen am ehesten entspräche. Sie fasziniert mich, sie wimmelt von völlig verrückten Menschen, aber sie ist menschlich, zutiefst menschlich. Einmal wurde in meinem Hotel eine Hochzeit gefeiert. Selbst der allerbissigste Karikaturist hätte die Teilnehmer nicht realistisch darzustellen vermocht: hundertjährige Frauen, wie Neugeborene in zartestes Rosa gekleidet, andere mit Hüten, bunt wie Strandschirme. Aber die Sprache des Kinos ist konkret, sie erfordert eine totale Beherrschung der Dinge. Es geht nicht darum, die Dinge so zu reproduzieren, wie sie zu sein scheinen, sondern sie neu zu erfinden. Vielleicht sage ich das nur, weil ich Angst habe, mich einer so abnormen, ausufernden, wahnwitzigen Stadt wie New York zu stellen. Ich drehe lieber in Rom oder sonstwo in Italien, in einer Umgebung, die mir vertraut ist, in der Cinecittà im Studio 5, wo mich meine Freunde besuchen, die italienischen und ausländischen Regisseure, deren Zuneigung mir guttut.

Welche Regisseure besuchen dich denn in der Cinecittà?

Ich erinnere mich an einen Besuch von Bergman, der ebenfalls dort drehte. Ich begleitete ihn bei einem Rundgang über das Gelände. Mit dabei war Pasqualone Lancia, der Direktor der Cinecittà. An jenem Tag regnete es in Strömen. Pasqualone hatte einen kleinen Schirm dabei und trug einen Regenmantel, der ihm bis zu den Füßen reichte und in dem er wie ein Landpfarrer aussah. Bergman trug einen für ihn zu kurzen Regenmantel, das Haar in seinem Nacken war wegrasiert wie bei einem Soldaten. Die Hände auf dem Rücken verschränkt, schritt er voran wie ein kierkegaardscher oder beckettscher Inspektor und hörte nicht auf das Gemurmel, das unter dem Regenschirm hervordrang. Noch ein paar Meter weiter voraus ging ein Straßenköter, der sich misstrauisch immer wieder nach uns umdrehte.

Welchen Film drehte Bergman?

Das weiß ich nicht mehr, aber an diesen Besuch erinnere ich mich bis ins kleinste Detail. In der Bar drängten sich die üblichen Statisten, Schauspieler und Elektriker auf der Suche nach Arbeit. Bergman, dessen Blick fieberhaft und starr wirkte, wie der eines Mediums in Trance, konnte nichts anfangen mit diesen Typen, die Regenmäntel von Thunfischfischern trugen und hinter den schmutzigen, beschlagenen Fensterscheiben am Rauchen waren. Er schüttelte den Kopf, als ich ihn fragte, ob er einen Kaffee wolle. Schweigend machten wir den Rundgang durch die Studios, als er unvermittelt fragte, wo die Toiletten seien. Pasqualone sah mich voller Bestürzung an: Die Toiletten der Cinecittà waren entsetzlich, und es regnete hinein. Die langen Gänge waren heruntergekommen, von den Türen blätterte die Farbe, und hinter einer davon ertönte plötzlich die raue Stimme eines Besoffenen, der, begleitet von Geräuschen, die jeder Beschreibung spotteten, *Birimbo Birambo* sang. Um diese Katastrophe wiedergutzumachen, forderte ich Pasqualone auf, uns das Wasserbecken zu zeigen. Doch damit kamen wir vom Regen in die Traufe: Das war ein einziges Trümmerfeld aus Zementbrocken, ein Panorama von Ruinen, eine Kulisse für den *Untergang des Hauses Usher*.

Jetzt hast du kurz hintereinander auf drei Schriftsteller verwiesen: Kierkegaard, Beckett und Poe. Wie viele kommen noch, bis du diese Geschichte fertig erzählt hast?

Ich spreche von Bergman, da muss ich doch ein gewisses Niveau wahren. Während es immer heftiger regnete, deutete Bergman mit seinem ungeheuer langen Finger in eine Ecke des Beckens, wo unter der vom Regen gekräuselten Wasseroberfläche ein Gewimmel zu sehen war, kleinste dunkle Formen, wie sumerische Schriftzeichen, wuselnd wie Bakterien. Bergman ging in die Hocke und redete mit einem seligen Lächeln auf diese Kaulquappen ein. Diskret zog Pasqualone sich zurück.

Was habt ihr einander zu sagen gehabt, als ihr allein wart?

In diesem Augenblick öffneten sich die Wolken, und ein gelbes Licht fiel auf diese friedhofartige Szenerie. Schweigend gingen wir zurück, ohne ein Wort zu wechseln, bis wir voneinander Abschied nahmen.

Solltest du nicht einmal einen Film zusammen mit Bergman machen?

Mit ihm und Kurosawa. Wir haben uns alle drei darauf gefreut. Wir waren vollkommen einer Meinung, und genau deshalb wurde nichts daraus, wie so oft in Rom.

Du hast mehr als einmal gesagt, *Giulietta degli spiriti* (dt. *Julia und die Geister*, 1965) sei dein erster Farbfilm. Aber du hattest doch schon *Le tentazioni del dottor Antonio* (dt. *Die Versuchungen des Dr. Antonio*) in Farbe gedreht, deinen Beitrag zum Episodenfilm *Boccaccio 70* (dt. *Boccaccio 70*, 1961), in dem du wieder mit Anita Ekberg gearbeitet hast.

Bei *Giulietta degli spiriti* war die Farbe eine künstlerische Notwendigkeit, weil diese Geschichte von Anfang an in Farbe konzipiert war. Sie wurde für Giulietta konzipiert und von ihr inspiriert. Ich hatte seit längerer Zeit daran gedacht, einen weiteren Film mit Giulietta zu drehen. Und nach *La dolce vita* und *Otto e mezzo* wurde dieser Gedanke in mir immer stärker. Ich wollte, dass Giulietta eine ganz andere Figur als Gelsomina und Cabiria spielen würde, zu denen sie mich inspiriert hatte. Als Mensch und Schauspielerin wirkt Giulietta sehr anregend auf meine Phantasie. Ich hatte mir auch Geschichten überlegt, in denen sie eine Hexe spielen würde oder eine Nonne, halb Hexe, halb Heilige, oder eine Frau, die mit dem Übernatürlichen in Verbindung steht, in einer ungewohnten Dimension lebt und unbekannten, geheimnisvollen Horizonten entgegentreibt. Doch gelang es mir nicht, das präzise Bild zu finden, das einer solchen Person entsprochen hätte, bis mir die Idee für *Giulietta degli spiriti* kam.

Die Kritik empfand den Film als nur halb gelungen.

Ich gestehe unumwunden, dass dieser Misserfolg mich gedemütigt, gekränkt und verletzt hat, auch weil ich deswegen darüber nachgedacht habe, wie lange ein Filmregisseur künstlerisch auf der Höhe bleiben kann. Abgesehen von Dreyer, der eine Art Mönch war und nur sehr wenige Filme gedreht hat, und Chaplin, der eher eine Art Zirkusdirektor ist, bleibt ein Filmregisseur in der Regel zehn, fünfzehn, höchstens zwanzig Jahre auf der Höhe seiner Kunst. Ich bin allerdings nicht der Meinung, dass *Giulietta degli spiriti* nur zur Hälfte gelungen ist. Er ist sehr viel lebendiger als die Kritiker, die ihn als nur halb gelungen beurteilt haben.

Warum hast du ihn fast ganz in Fregene angesiedelt?

Ich habe es öfter schon gesagt: Fregene ist für mich so etwas wie die Genesis. Ich habe nicht nur *Lo sceicco bianco* dort angesiedelt und manche Szenen aus *La dolce vita*, sondern auch andere Filme habe ich in Fregene konzipiert und zum Teil gedreht. Nachdem ich dort den Schluss von *La dolce vita* gedreht hatte, kauften wir ein Stück Land und ließen eine kleine, von Giulietta entworfene Villa bauen, in der wir zwei, drei Jahre lang sommers wie winters wohnten. Denn es ist dort im Winter ebenso schön wie im Sommer. Gegen Abend breitet sich in den Pinienwäldern Nebel aus, der alles in eine Art Mondlicht taucht. Im Winter ist Fregene die Zufluchtsstätte aller Katzen der Küste: Ausgehungerte Rudel räudiger, hinkender und blinder Katzen fielen in die Gärten aller Villen ein, die noch bewohnt waren. Hunderte gelber Augen blitzten nachts im Licht der Autoscheinwerfer auf, wenn ich von Rom nach Fregene fuhr, Hunderte steil aufgerichtete Schwänze und ein Fauchen und Miauen, das einer Geschichte von Poe würdig war. Leicht verängstigt öffnete ich dann den Kühlschrank und panschte für sie alles zusammen, was ich darin fand. Eines Abends kamen so auch zwanzig Ampullen Ferrotin dazu, ein Tonikum, das ich aus Gesundheitsgründen nehmen musste und das sie noch aggressiver machte.

*»Ich habe noch nie im Meer gebadet,
weder in Rimini noch in Fregene noch sonstwo.
Ich bin in dieser Hinsicht extrem scheu.«*

Und wohin seid ihr danach gezogen?

Wir kauften ein Stück Land nördlich des Zentrums von Fregene und ließen dort ein größeres Haus bauen, zweistöckig, mit Balkonen, Säulengängen, einem englischen Rasen, Agaven, Rosensträuchern und einem Gemüsegarten. Dort züchtet Giulietta Tomaten, Auberginen und Bohnen; sie kocht Marmelade, auch solche aus Sauerkirschen. Ich mache lange Spaziergänge vom Pinienwald zum Strand und zurück, sie erinnern mich an Spaziergänge, die ich einst in Rimini machte, wenn das Meer aufgewühlt war, der Himmel bleifarben und diese Stimmung von »Das Fest ist vorbei« herrschte, die in meinen Filmen immer wiederkehrt. Eines Morgens, als ich im Pinienwald unterwegs war, wurde das Schweigen von einer gewaltigen, wunderschönen Stimme zerrissen, die »Federico« rief. Es war Orson Welles. Er bat mich um eine Axt und sagte: »Fällen wir ein paar Bäume. Das ist gut für die Muskeln.« Wir haben abgemacht, uns jeden Morgen zu treffen, um einen Baum zu fällen, zu reiten und zu schwimmen, aber wir haben uns nicht mehr gesehen. Ich weiß nicht, ob ich je reiten oder einen Baum hätte fällen können, aber schwimmen zu gehen kam nicht in Frage. Ich habe noch nie im Meer gebadet, weder in Rimini noch in Fregene noch sonstwo. Ich bin in dieser Hinsicht extrem scheu. Als Jüngling war ich furchtbar mager, meine Freunde nannten mich Gandhi, ich schämte mich, mich in einer Badehose zu zeigen. Auch wenn tropische Hitze herrschte, blieb ich angezogen.

In welchem Teil von Fregene hast du *Giulietta degli spiriti* angesiedelt?

Zwischen dem Meer und dem Pinienwald. Wir wohnten im ligurischen Teil von Fregene. Im wilderen Teil des mit Unterholz bewachsenen Hinterlands ließ ich eine kleine Jugendstilvilla bauen, in der wir die meisten Innenaufnahmen machten. Ungefähr in derselben Gegend habe ich auch manche Szenen und vor allem das Finale von *Satyricon* gedreht, die Sequenz, in welcher der alte Philosoph Eumolpus, den Salvo Randone spielt, seine Leiche am Strand auf einem Scheiterhaufen verbrennen lässt und all die, die von ihm erben wollen, sein Fleisch verzehren müssen. Die Filme, die ich zwischen *Satyricon* und *Roma* drehte – *Toby Dammit* (eine Episode von *Histoires extraordinaires*, dt. *Außergewöhnliche Geschichten*, 1968), *Block-notes di un regista* (1969) und *I clowns* –, spielten nicht in Fregene. *Toby Dammit* war eine Hommage an Edgar Allan Poe, den ich seit meinen Jugendjahren mit Begeisterung gelesen hatte. *Block-notes di un regista* war ursprünglich als langes Interview konzipiert, ein Fernsehfeature über den nicht zustande gekommenen Film *Il viaggio di G. Mastorna*.[13] *I clowns* wie-

13 Diesen Film, der im Jenseits spielt, wollte Fellini wiederholt drehen, doch immer wieder kam etwas dazwischen. Schließlich wurden das Drehbuch sowie ein darauf basierender Comic von Milo Manara veröffentlicht.

derum war ein Fernsehdokumentarfilm über Zirkusartisten, die mich seit meiner Kindheit faszinieren.

Manche Kritiker haben festgestellt, *Fellini Satyricon* habe wenig zu tun mit dem Buch von Petronius, sondern sei vielmehr eine weitere beunruhigende Reise durch deine persönlichen Hirngespinste. Was sagst du dazu?

Das Werk von Petronius ist eine ganz alte Liebe von mir. Diese kostbaren Fragmente über das Leben im alten Rom las ich, als ich für den *Marc'Aurelio* arbeitete. Ich und manche Kollegen wollten daraus eine Revue machen mit Aldo Fabrizi in einer der Hauptrollen. Wir schrieben ein Exposé, aber dann geriet das Projekt ins Stocken. Ich machte damals auch eine Umschlagzeichnung für eine Neuausgabe des Buchs, aber dann zog der Verlag eine Zeichnung von Enrico De Seta vor.

Als ich 1967 nach den Kalamitäten mit *Il viaggio di G. Mastorna* im Krankenhaus lag, begann ich wieder über Petronius und *Satyricon* nachzudenken. Aber die Entstehung des Films war mit vielen Mühen verbunden. Zuerst dachte ich daran, die verschiedenen Figuren Encolpius, Ascyltos und Giton Lateinisch reden zu lassen. Ich konsultierte Lateinexperten wie Ettore Paratore und Luca Canali. Aber auf Lateinisch wäre der Film schwer zu verstehen gewesen, und so habe ich mich darauf beschränkt, nur ein paar Sätze auf Lateinisch zu verwenden.

Ja, aber was antwortest du den Kritikern?

Dass sie mir ein Kompliment gemacht haben, wenn sie sagen, das sei eine Reise durch meine persönlichen Hirngespinste. *Satyricon* ist ein fragmentarisches, lückenhaftes, obskures Buch, das mir nur ein paar Hinweise für eine imaginäre Rekonstruktion des Lebens im alten Rom geben konnte. Die Welt der Antike ist für mich wie eine nebelhafte Galaxis, und mein Interesse für Historisches ist sowieso ziemlich beschränkt. Ich bin kein Historiker, sondern eher ein Phantastoriker und dazu ein Freund der Science-Fiction. Wie ich anderswo schon gesagt habe, wollte ich einen Film machen, der außerhalb der Zeit liegt, aber ich konnte nicht umhin festzustellen, dass die von Petronius beschriebene Welt auf überraschende Art der Welt ähnelte, in der wir leben, in der ich lebe. Die Menschen von heute, vor allem die jungen, werden vom selben existenziellen Fieber verzehrt wie die Figuren von Petronius. So erinnert mich seine Figur des Trimalchio an Onassis, einen düsteren, reglosen Onassis mit dem sandigen Blick einer Mumie. Die jungen Figuren wiederum erinnerten mich an die Hippies.

»Ich bin kein Historiker, sondern eher ein Phantastoriker und dazu ein Freund der Science-Fiction.«

Das heißt, die Kritiker hatten unrecht?

Kann schon sein, dass ich meine persönlichen Hirngespinste in den Film projiziert habe, aber warum nicht? Bin nicht ich der Autor des Films? Wir haben ihn *Fellini Satyricon* genannt, nicht zuletzt, weil zur selben Zeit auch ein anderer italienischer Regisseur, Luigi Polidori, einen Film auf der Basis des Buchs von Petronius drehte. Aber auch wenn wir ihn nur *Satyricon* genannt hätten, wäre es nicht dennoch ein Film von mir gewesen?

Stimmt es, dass du für *Il viaggio di G. Mastorna* auch Totò besetzen wolltest?

Ja. Ich hätte mir gewünscht, dass er als er selbst auftritt, ohne das Geringste an ihm zu verändern. Totò war ein Schauspieler und eine komische Figur, eine Person aus einem Guss. Er kann nicht anders als Totò sein, wie Pulcinella.

Wann und wo hast du ihn kennengelernt?

Als ich Journalist war und er Varieté machte. Ich interviewte ihn. Ich kann mich erinnern, dass er sagte: »Schreiben Sie, dass ich Geld und Frauen mag.« Später traf ich ihn wieder am Set von Rossellinis *Dov'è la libertà?* (dt. *Wo ist die Freiheit?*, 1952) und danach noch ein paar Mal. Er war eine Art Gaukler eines weltlichen, modernen Gottes, eine verblüffende Marionette, ein Diamant, den das abgrundtiefe, chronische Elend von Neapel hervorgebracht hatte.

Wie ist *I clowns* entstanden?

NBC, der amerikanische Fernsehsender, für den ich schon *Block-notes di un regista* gemacht hatte, wollte wieder was von mir. Ich schlug verschiedene Projekte vor, darunter ein Porträt von Mao und eine Reise zu tibetischen Mönchen. Ich konnte aber nicht weg aus Rom, weil ich immer noch in *Il viaggio di G. Mastorna* verstrickt war. Also schlug ich eine Reportage über Clowns vor. Ich sprach darüber mit Bernardino Zapponi, meinem damaligen Drehbuchautor. Dann meldete sich das italienische Fernsehen. Wir fanden die Zeit, um nach Paris zu reisen, und nach der Rückkehr schrieben wir in wenigen Tagen das Drehbuch. Ich muss nicht erwähnen, dass ich alles oder fast alles über Clowns wusste. Es fiel mir nicht schwer, mein Wissen, meine Erfahrungen, meine Begegnungen mit den großen Clowns in Bilder umzusetzen. Aber wir haben auf einige Sequenzen verzichtet, die ich und Zapponi uns während unseres Aufenthalts in Paris vorgenommen hatten.

»Die Clowns sind die ersten und ältesten Protestler, die sich gegen die bestehende Ordnung aufgelehnt haben, und es ist ein Jammer, dass sie der Technisierung der Zivilisation zum Opfer fallen.«

Auf welche Sequenzen habt ihr verzichtet?

Wir hatten eine Sequenz vorgesehen, die Chaplin gewidmet war, aber dann habe ich nicht den Mut gehabt, ihn anzufragen. Ich befürchtete, er würde ablehnen, und ich wollte ihm diese Unannehmlichkeit ersparen. Wir hatten auch vorgesehen, die großen Figuren unserer Zeit als Clowns darzustellen[14]: Jung, Freud, Picasso, Hitler, Mussolini, Papst Pius XII., Papst Johannes XXIII., Gadda, Moravia, Visconti, Pasolini.

Und Federico Fellini?

14 In seinem Aufsatz »Eine Reise in den Schatten« im Buch *Aufsätze und Notizen* (Zürich: Diogenes 1974, 1981) teilt Fellini verschiedene Figuren in Auguste und weiße Clowns ein.

Ja, ich glaube, ein August zu sein, aber auch ein weißer Clown. Die Clowns sind die ersten und ältesten Protestler, die sich gegen die bestehende Ordnung aufgelehnt haben, und es ist ein Jammer, dass sie der Technisierung der Zivilisation zum Opfer fallen. Damit verschwindet nicht nur ein faszinierendes menschliches Mikrouniversum, sondern auch eine Lebensauffassung, eine Weltanschauung, ein Kapitel der Zivilisationsgeschichte.

ROMA, AMARCORD, IL CASANOVA DI FELLINI, PROVA D'ORCHESTRA
1972–1980

Sind dir im Film *Roma* irgendwelche Aspekte der Stadt entgangen?

Massenhaft, um nicht zu sagen, alles oder fast alles. Bei anderen Filmen hatte ich nach Abschluss der Dreharbeiten das Gefühl, die mir vorgenommenen Themen bis zum Gehtnichtmehr behandelt zu haben. So kam es mir nach *Le notti di Cabiria* absurd vor, dass es die Passeggiata Archeologica[15] überhaupt noch gab. Und so war die Via Veneto[16] für mich vorbei, nachdem die letzten Filmbauten davon abgerissen worden waren. Wenn ich später in der Gegend vorbeikam, wunderte ich mich immer, dass sie noch da war, dass das Café de Paris, das Excelsior, das Caffè Doney noch da waren. Dass es heute mit der Via Veneto vorbei ist, hat mich kein bisschen berührt, eher hat mich erstaunt, wie lange sie sich gehalten hat.

Nach Abschluss der Dreharbeiten für *Roma* hingegen hatte ich sofort das frustrierende Gefühl, die Stadt kaum gestreift zu haben. Sie existierte weiter, faszinierend, nicht

15 Die Passeggiata Archeologica in Rom war ein bevorzugter Standort römischer Straßenprostituierter.

16 Die Via Veneto in Rom wurde bekannt wegen der zahlreichen Cafés und Hotels, in denen Stars abstiegen. Fellini ließ sie für *La dolce vita* in der Cinecittà nachbauen.

erkennbar, sie ignorierte souverän den Film, den ich ihr gewidmet hatte, als hätte er nichts mit ihr zu tun. Ich bin wie in einer Tauchkugel unterwegs. Mein Blick ist seltsam: Er sieht nur die Dinge, wovon ich will, dass er sie sieht, vielleicht solche, die mich erschrecken oder entsetzen.

»Nach Abschluss der Dreharbeiten für Roma *hatte ich das frustrierende Gefühl, die Stadt kaum gestreift zu haben. Sie existierte weiter, sie ignorierte souverän den Film, den ich ihr gewidmet hatte.«*

Du bist zu bescheiden: Du hast Dinge von Rom gesehen, die vor dir niemand gesehen hatte.

Ich sah mich unermesslich viel Material gegenüber und wollte darin nicht ertrinken, nicht Schiffbruch erleiden wie die Medusa. Da waren Rom, wie ich es mir als Schüler in Rimini aufgrund der Schulbücher vorgestellt hatte, der Faschismus, Julius Cäsar, das amerikanische Kino, Rom aus der Sicht von Riminis Müßiggängern, eine Art Damaskus, Bagdad, Ninive, eine Art Pop-Pastiche all dieser verzerrten Vorstellungen; das Rom von 1938/39, als ich in der Stadt ankam, ein Rom, gesehen mit den dürstenden und geblendeten Augen eines Provinzlers, mit dem Krieg, dem Varieté, den Vorprogrammen in den Kinos, den Römerinnen, üppig und schmachtend wie Odalisken; das Rom der Fünfziger- und Sechzigerjahre mit seinem Wahnsinn, seiner explosiven Spannung, mitreißend bis zum Delirium; das zeitlose Rom mit seiner unmenschlichen Schönheit, seiner Sirenenhaftigkeit, dem Licht einer Fata Morgana, seinen Palästen, seinen Schatten, seinen Höfen, seinen Farben, seinen absurden und überwältigenden Perspektiven.

Was hättest du noch mit drinhaben wollen, was jetzt nicht drin ist?

Unglaublich viel, wie gesagt. Ich hätte gern eine Sequenz über den Verano[17] gemacht, respektive darüber, wie man in Rom mit dem Tod umgeht. In Rom hat auch der Tod etwas Vertrautes, Intimes, Häusliches, man nennt ihn »la comare secca«[18], als handle es sich um einen Verwandten. Römer sagen: »Ich gehe Papa besuchen«, und dann stellst du fest, dass sie auf den Friedhof gehen. Oder, wenn jemand stirbt, sagen sie: »Er ist zu den spitzen Bäumen gegangen«, als habe er einen Ausflug gemacht. In Rom sind Friedhöfe wie große Wohnungen, in denen man auch im Pyjama und in Pantoffeln herumspazieren kann. Manchmal atmet Rom auch eine tiefe Ruhe, wie Afrika, der Raum ist hier anders, der Rhythmus, das Zeitgefühl.

Sag mal, wo lebst du eigentlich? Ist dir nie aufgefallen, dass Rom immer neurotischer und chaotischer geworden und an ein Durchkommen nicht mehr zu denken ist?

Ich habe versucht, auch diese Aspekte von Rom in ein paar Filmen zu schildern, doch dann hat man mich beschuldigt, die Stadt nicht zu lieben. Wie Jung lehrt, kann ein Anfall von Neurose, wenn er nicht gar zu heftig wird, als positives Zeichen dafür gesehen werden, dass wir in Kontakt treten sollen mit entlegenen, unbekannten Aspekten von uns selbst. Für

17 Der Verano ist Roms größter Friedhof.
18 Wörtlich »die trockene Gevatterin«, im Sinne von Gevatter Tod.

einen Künstler stellt der pathologische Aspekt der Neurose eine Art Reichtum, einen verborgenen Schatz dar.

Andererseits ist Rom für mich immer das Rom, das ich geschaffen habe, beziehungsweise das Rom, das mich geschaffen hat und das ich wieder geschaffen habe wie einander spiegelnde Spiegel.

Außerdem ist Rom ein Mythos, und Mythen werden kultiviert, weil sie der Selbsterkenntnis dienen, wie eine unterirdische Reise, Forschungen unter Wasser, ein Abstieg in die Unterwelt auf der Suche nach den Ungeheuern, die im tiefsten Innern des Menschen hausen. Wenn Lyriker, Schriftsteller, Maler sich durch ihre Kunstform ausdrücken, berichten sie von nichts anderem als den Abenteuern dieser Reise, den Qualen dieser Forschung, den überwältigenden Gefühlen bei diesem Abstieg in die Unterwelt.

»Rom ist für mich immer das Rom, das ich geschaffen habe, beziehungsweise das Rom, das mich geschaffen hat und das ich wieder geschaffen habe wie einander spiegelnde Spiegel.«

Aber kollektive Neurosen, wie man sie in Rom feststellen kann, haben andere Folgen als individuelle Neurosen oder Neurosen, wie Künstler sie erleben.

Rom ist viel weniger neurotisch als andere Großstädte, eben weil es etwas Afrikanisches, Prähistorisches, Zeitloses an sich hat. Rom verfügt über eine uralte Weisheit, die eine Art Rettung darstellt vor den Übeln, die andere große moderne oder postmoderne Metropolen plagen. Ich bin kein Römer, aber meine Mutter war wie schon erwähnt Römerin. Ihre Familie lebte seit sieben Generationen in Rom. Meine Mutter hat mir sehr dabei geholfen, die Mentalität, die Psychologie, die Lebensart der Römer zu begreifen. Erste römische Wörter, Sätze, Redensarten habe ich aus ihrem Mund gehört. Ich könnte unendlich viele Anekdoten erzählen über die Ruhe, die Trägheit, die schläfrige Reglosigkeit von Rom und den Römern.

Die Faulheit der Römer ist ein Klischee. Ruft man morgens früh einen Maler, einen Schriftsteller, einen Bildhauer an, sind die schon bei der Arbeit. Morgens um sieben sitzt Moravia bereits am Schreibtisch. Du selbst stehst ja auch um sieben auf und bist um acht bereits unterwegs, auch wenn du nicht drehst.

Klischees entstehen nicht von ungefähr. Eben weil sie über große Weisheit verfügen, tendieren Römer dazu, keine Energie zu vergeuden, sich Mühseligkeiten, unnützes Hin und Her zu ersparen. Als ich noch ziemlich neu in Rom war, befand ich mich eines Tages im Stadtteil Prati und sollte zur Via Montecristo im Viertel Nomentano. Ich ging zu einem Mann, der an eine Wand gelehnt dasaß und sich mit einer Zeitung Luft zufächelte, weil der mittägliche Wind vom Meer noch nicht aufgekommen war. Ich fragte ihn, ob er wisse, wo die Via Montecristo sei. Immer weiterfächelnd, sah er mich an, fragte mich, woher ich sei, ob ich aus dem oberen Italien komme. Er stieß einen tiefen Seufzer aus. Er öffnete den Mund, als wollte er mir den Weg zur Via Montecristo beschreiben, schloss ihn dann aber wieder. Schließlich fragte er mich: »Müssen Sie da wirklich hin?«

»Ja«, antwortete ich.

»Das ist weit, weit weg. Was wollen Sie denn dort?«, sagte er.

Seit einiger Zeit wird Rom mit Kalkutta, Istanbul, Jerusalem zur Zeit von Barabbas, dem Jerusalem von Pär Lagerkvist verglichen. Auf den Straßen und in den Hauseingängen des Zentrums wimmelt es von Herumtreibern, Bettlern, Müttern, die mit Neugeborenen auf der Straße liegen, Jungen und Alten, die in Pappschachteln übernachten.

Das ist ein weiterer Aspekt, der mir die Stadt sympathisch macht. Rom ähnelt nicht nur Kalkutta, Istanbul und Jerusalem, sondern auch New York, Rio de Janeiro und Mexiko-Stadt. Für jemanden mit meinem Beruf ist es anregend, in einer Stadt zu wohnen, die gleichzeitig auch Cinecittà ist, deren Perspektiven, Bauten und menschliches Elend ältere Zivilisationen in Erinnerung rufen, andere Epochen, andere Gesellschaften.

Bevor ich die Sequenz über den U-Bahn-Tunnel drehte, den ich in der Cinecittà nachbauen ließ, nahm mich der Ingenieur, der den Bau des echten Tunnels leitet, mit auf eine Rundfahrt durch den Untergrund von Rom. Der Ingenieur war Holländer, der überall auf der Welt schon Deiche, Wälle und Zyklopenmauern gebaut hatte. Nun war er aber dermaßen am Verzweifeln, dass er mehrmals kurz davor war, das Unternehmen aufzugeben. Roms Untergrund war heimtückischer als der Urwald im Amazonasgebiet: Es gab bestimmt acht verschiedene Schichten, deren tiefste an manchen Stellen mehr als hundert Meter unter der Oberfläche lag. Wegen der Erschütterungen durch den mechanischen Maulwurf[19] drohten Paläste, Denkmäler, Kirchen, Säulen, Kapitelle und Simse einzustürzen, die sich wundersamerweise über zweitausend Jahre lang gehalten hatten.

19 Der mechanische Maulwurf, eine Tunnelbohrmaschine, kommt leicht verfremdet auch in *Roma* vor.

Aber jetzt stürzt Rom auch ohne Erschütterungen durch den mechanischen Maulwurf ein.

Ich gehöre nicht zu den Ästheten, die finden, man solle nichts gegen Roms Zerfall unternehmen, ja man solle ihn eher noch beschleunigen, aber ich betrachte dieses Panorama der Zersetzung, des Zusammenbruchs und der Katastrophen gern. Die zerrissenen Straßen, die in Käfige eingesperrten Denkmäler, die archäologischen Ruinen, die kosmopolitischen Menschenmassen verleihen ihm den Anschein eines Filmstudios, eines Sets, einer Bühne, die abgebaut wird, einer Stadt, die anderswohin verlegt wird. Rom ist ein geheimnisvoller Planet, der alles anzieht, der durch seine Auflösung genährt und bereichert wird. Diese Tendenz zur Selbstzerstörung macht die archäologische Szenerie der Stadt noch apokalyptischer.

Ausländische Beobachter sagen, Rom sei eine tote Stadt geworden.

Der Tod ist natürlich allgegenwärtig in einer Stadt, die über ein derart spektakuläres Kulturerbe verfügt. Er ist nicht nur in den Ruinen gegenwärtig, sondern auch in der Strenge der Barockpaläste, der Kirchenfassaden, der religiösen Rituale. Er ist, wie gesagt, sehr präsent im Leben der Römer.

Die ausländischen Beobachter sagen, Rom sei kulturell tot.

Rom muss keine Kultur hervorbringen. Rom ist Kultur, prähistorische, historische, etruskische Kultur, Renaissance-, Barock-, moderne Kultur. Jeder Winkel der Stadt ist gleichsam ein Kapitel aus einer Universalgeschichte der Kultur. In Rom hat Kultur nichts Akademisches an sich.

Sie ist auch nicht museal, obschon die ganze Stadt ein enormes Museum ist. Es ist eine menschliche Kultur, da sie vollkommen frei ist von modischem Kulturgetue, von neurotischem Erneuerungswahn.

Alberto Moravia wird nicht müde zu behaupten, Rom sei eine der am wenigsten kreativen und am wenigsten spirituellen Städte der Welt. Er sagt, wie Manets Olympia sei es eine faule, träge, gleichgültige Kurtisane.

Ja, ja, eine große schläfrige Kurtisane, aber sonst bin ich mit Moravia überhaupt nicht einverstanden. Fast alle großen italienischen Schriftsteller, nicht zuletzt er selbst, lebten oder leben in Rom. Viele italienische Maler, Bildhauer und Architekten arbeiteten oder arbeiten in Rom. Filme werden in Rom gedreht.

Was nun die Spiritualität betrifft, so bringt Moravia manches durcheinander. Spiritualität ist nichts Äußerliches, etwas, was man sonstwo suchen kann, sondern eine innere Gabe. Man verfügt darüber oder nicht. Man sucht sie außerhalb seiner selbst, wenn man innerlich vertrocknet ist. Rom ist auch eine innere Dimension, ein Ort der universalen Phantasie, wie Borges sagt. Sie ist weniger eine Stadt des Materialismus als eine Stadt der Materie. Und seit Einstein wissen wir, dass Materie auch Energie ist, etwas Unsichtbares, Metaphysisches, Spirituelles, wenn man will.

Wie hat der Vatikan auf die kirchliche Modeschau in *Roma* reagiert?

Freundlich, soweit ich weiß, mit amüsierter Freundlichkeit. Diese Modeschau zeigt die beiden Seelen oder die beiden widersprüchlichen Aspekte der katholischen Kirche: den pontifikalen Pomp, den blendenden Glanz des Golds und

Silbers, das pharaonische Gepränge einerseits und die bescheidenste Armut, die Kutte des Bettelmönchs, das Franziskanertum andererseits.

»Rom ist eine therapeutische Stadt, die der geistigen und körperlichen Gesundheit guttut.«

Hast du dir je überlegt, in eine andere Stadt zu ziehen?

Es gibt so viel in Rom, was mir nicht passt: der Verkehr, der gogolsche Sumpf der Bürokratie, die Autodächer, so weit das Auge reicht, die Gewalt. Ich wohne in der Via Margutta, und früher oder später werde ich über die Kühlerhauben kraxeln müssen oder über die Dächer der Häuser. Dennoch ist Rom nach wie vor faszinierend. Es ist für mich die ideale Stadt, wenn auch nicht das himmlische Jerusalem. Wo sonst fände man Roms Licht? Ein Sonnenstrahl zwischen zwei Palästen aus dem 16. Jahrhundert, inmitten einer Flottille wandernder Wolken genügt, und schon ist die Stadt in neuen Glanz gekleidet, hat sich ihr Zauber erneuert.

Und dann Roms Klima, so sanft, so luftig, so erfrischend? »Wir warten auf die Meeresbrise«, sagen Männer und Frauen, die mit rätselhaften Mienen auf Straßen und Plätzen verharren, wie auf Bildern von Delvaux, Magritte oder Balthus. Rom ist eine therapeutische Stadt, die der geistigen und körperlichen Gesundheit guttut. Es ist eine gastfreundliche Stadt. Es ist wie in Kafkas *Prozess*: Sie empfängt dich, wenn du kommst, und sie lässt dich los, wenn du gehst.

Wie schon bei *Otto e mezzo* haben die Kritiker jetzt anlässlich von *Amarcord* erneut Proust bemüht. Hast du ihn unterdessen gelesen?

Leider nein.

Manche haben geschrieben, es sei ein Meisterwerk, andere, es sei ein Wiederaufguss früherer Filme.

Das ist kein Meisterwerk, das ist ein Filmchen, ein Sächelchen, ein Planetchen.

Ah, bist du heute im Bescheidenheitsmodus?

Nein, nein, ich meine das ernst: Manche Lobeshymnen finde ich übertrieben.

Wie auch immer: Du hattest die Reise eines Noah des dritten Jahrtausends durch die ökologische Sintflut angekündigt und hast uns stattdessen einen völlig anderen Film präsentiert.

Ist das ein Vorwurf? Oscar Wilde sagt, Widerspruchslosigkeit sei ein Anzeichen von Phantasielosigkeit. Das Leben ist voller Widersprüche. Zunächst wollte ich die Geschichte eines Mannes erzählen, der jeglichen Bezug zur Wirklichkeit verloren hat und sich in die Erinnerung flüchtet, die er als eine Art Arche Noah sieht. Gleichzeitig wollte ich mein kleines Privattheater endgültig liquidieren. Dann erschien es mir realistischer, ein Mikrouniversum wiederherzustellen, das seiner giftigen Elemente wegen auf Ablehnung stößt. Statt mich also einzuschiffen für meine allumfassende Sintflut, womit ich zu Michelangelo, Paolo Uccello und William Turner in Konkurrenz getreten wäre, habe ich den ursprünglichen Plan aufgegeben und statt eines Planeten wieder ein Planetchen präsentiert, dessen Rettung allerdings ebenfalls unmöglich ist.

»Sollte sich meine Begabung erschöpft haben, mache ich eben einen Film über die Erschöpfung und wiederhole mich auch damit.«

Du sagst: »wieder präsentiert«, doch in diesem Fall läuft es auf »wiederholen« hinaus.

Klar, das stimmt, ich wiederhole mich, wiederhole mich immer wieder: Ich bin immer Regisseur, habe nie den Beruf gewechselt und habe das auch nicht vor. Es ist, als würde man einem Schmied oder einem Architekten vorwerfen, dass sie weiterhin als Schmied oder Architekt arbeiten. Oft wird einem genau dann vorgeworfen, sich zu wiederholen, wenn man sich verändert, wenn man wächst. Betrachtet ein Schriftsteller oder Maler dasselbe Sujet aus einem anderen Blickwinkel, wird ihm das nicht vorgeworfen, einem Regisseur hingegen schon. Ich sehe nicht, was *Roma*, *Satyricon*, *Amarcord* und *Giulietta degli spiriti* miteinander gemein haben sollen. Außer, dass es immer ich bin: Wie grenzenlos auch unsere Neugier sein mag, wie vielseitig wir auch zu erscheinen vermögen – irgendwo ist eine Begrenzung notwendig, sonst verflüchtigen wir uns, lösen uns in Nebel auf. Jeder arbeitet in seinem eigenen Garten, dreht sich in seiner Wohnung um sich selbst. Sollte sich meine Begabung erschöpft haben, mache ich eben einen Film über die Erschöpfung und wiederhole mich auch damit.

Draußen wird Schiffbruch erlitten, die Sintflut, Katastrophen, du aber arbeitest weiter in deinem Garten, drehst dich in deiner Wohnung um dich selbst – kommt dir das nicht etwas anachronistisch vor?

Ich hätte sagen sollen »in meinem Territorium«, nicht »in meiner Wohnung«. Aber die Katastrophe kommt überallhin. Die Wohnungswände sind nicht undurchdringlich. Man lebt immer in seiner Zeit. Und es gibt verschiedene Möglichkeiten, poetisch vom Leben zu erzählen. Jeder macht das aufgrund seiner eigenen Sensibilität. Hätte ich einen Anfall und versuchte, die drohende Katastrophe unvermittelt darzustellen, wäre ich nicht mehr ich, weil sie dann nicht durch mich und meine Mittel ausgedrückt würde. Große Ideen zu haben ist leicht: Jeder kann blendende Einfälle haben. Doch wer dazu berufen ist, anderen die Dinge darzustellen, kann dies nur mit seinen eigenen Mitteln tun, auch wenn diese mangelhaft sind. Das ist eine Frage des Stils.

Aber hast du nicht das Gefühl, dass du, indem du dich in deine Erinnerungen flüchtest, wie ein Gespenst in deinem persönlichen Marienbad lebst? Warum hörst du nicht auf mit den Erinnerungen? Warum tust du nichts, um dein Gedächtnis zu verlieren und jetzt, in diesem Moment zu leben, in diesem Monat, an diesem Tag, in der chaotischen Zeit, die uns bedroht? Warum machst du keine Filme über die aktuelle Realität oder die kommende?

Meine Erinnerungen zeugen nicht von Nostalgie, sondern von Ablehnung. Bevor man etwas beurteilen will, muss man es zu verstehen versuchen: Die Realität wird nicht als ästhetisches Phänomen betrachtet, sondern kritisch überprüft. *Amarcord* ist ein unangenehmer Film. Wie viele Filme hast du gesehen, in denen der Faschismus auf diese Weise gezeigt wird, die italienische Gesellschaft jener Zeit so dargestellt wird?

Ich habe den Film Präsident Leone[20] im Quirinalspalast gezeigt. Fanfani, Pieraccini und so weiter waren auch dabei. Ich habe mich etwas geschämt, es kam mir ungezogen vor, an einem von Kürassieren in Galauniform bewachten Regierungssitz ein so armes, beschränktes, ignorantes Italien zu zeigen.

Der Film hat insofern einen direkten Bezug zu der heutigen Realität, als er die Gefahr beschwört, dass sich die gleiche Art von Gesellschaft wieder bilden könnte, weniger naiv, weniger plump, dafür umso gefährlicher. Der Faschismus ist wie ein drohender Schatten, der nicht einfach hinter uns verharrt, sondern sich oft vor uns ausbreitet und uns vorausgeht. Der Faschismus lauert immer in uns. Und immer besteht die Gefahr der Erziehung, der katholischen Erziehung, die nur ein Ziel hat: das Individuum in eine Position psychischer Minderwertigkeit zu bringen, seine Integrität zu beschneiden, es jeglichen Verantwortungsgefühls zu berauben, um es beliebig lang in einem Zustand der Unmündigkeit festzunageln.

Indem ich das Leben einer Kleinstadt schildere, schildere ich das Leben eines Landes und zeige den Jungen, aus welcher Gesellschaft sie hervorgegangen sind, wie fanatisch, provinziell, infantil, plump, überbordend und beschämend der Faschismus und die damalige Gesellschaft waren.

In einer Zeit, in der die Jungen, ja die Adoleszenten, alte Denkweisen und Verhaltensweisen in sexuellen Dingen

20 Giovanni Leone (1908–2001) war von 1971 bis 1978 Präsident der Italienischen Republik.

überwunden haben, zeigst du weiterhin frustrierte Adoleszente, die sich einen runterholen.

Ich sehe ehrlich gesagt keinen so großen Unterschied zwischen der von Sündhaftigkeit belasteten, verzerrten, ungeschickten Art, mit Sex umzugehen, und den heutigen Errungenschaften. Ich glaube nicht, dass da eine echte Entwicklung stattgefunden hat. Heute lässt sich ein rasendes, neurotisches Getue um Sex beobachten, doch eine echte Befreiung stelle ich nirgends fest. Wir sind nach wie vor Opfer der katholischen Erziehung. Ich weiß nicht, wie viele Jahrhunderte es noch dauern wird, bis wir uns davon befreien können. Ich weiß nicht, wann wir davon kuriert werden.

»Wir sind nach wie vor Opfer der katholischen Erziehung. Ich weiß nicht, wie viele Jahrhunderte es noch dauern wird, bis wir uns davon befreien können.«

Manches deutet darauf hin, dass du in *Amarcord* die Provinz als Alternative zeigen wolltest, als Ort möglicher Rettung, dabei ist die Provinz heute noch viel korrupter, elender und deprimierender als die Großstädte.

Einverstanden. Die Provinz ist zu einer Art degenerierten Zelle der Stadt verkommen. Dort werden Dinge auf furchterregende Weise vorweggenommen oder übersteigert. Rituale wie zum Beispiel Sexorgien nehmen dort viel wildere Formen an. Ehemänner fotografieren ihre nackten Frauen und schicken diese Fotos dann an Zeitungen. Ein weiteres Anzeichen für den Wahnsinn, der uns alle ergriffen hat. Die Provinz ist nicht mehr eine nährende Mutter. Zwar gibt es in der Provinz noch einen anderen Rhythmus, hat man noch ein Zeitgefühl, sind die großen Künstler der Vergangenheit noch präsent, aber es braucht Großstädte, um neue Ideen in Umlauf zu bringen. Was nun den Provinzialismus des Kinos angeht: Jeder kann seine eigenen Grenzen ausdehnen, wenn er innerlich dazu bereit ist. Sich in einen Touristen zu verwandeln, ist sinnlos. Ich selbst bin ein miserabler Tourist, tauge nicht zum Augenzeugen, denn ich sehe nichts.

In Zeiten wie der unseren kann der bloße Versuch, ländliche, bukolische oder vergilsche Poesie als Lebensmöglichkeit vorzuschlagen, lästig, irritierend, ja obszön anmuten. Als würde ein ach so sensibler Poet unter einer Weide, an einem Fluss oder auf einer Burgzinne erlesene Gedichte rezitieren, während ringsumher ein Sturm tobt und die Katastrophe naht.

Amarcord hat damit nichts zu tun. Die ländlichen Gebiete, die in *Amarcord* gezeigt werden, haben etwas Eiskaltes. Man denke nur an den kleinen Jungen, der sein Brüderchen in der Wiege umbringen will. *Amarcord* handelt von Ablehnung, von Trostlosigkeit. Kann sein, dass da etwas wie Nebel die Konturen verwischt. Aber das ändert nichts an der Ablehnung, die total und definitiv ist. Wir sind ja bereits kaputt: Wir können die Tatsachen nicht mehr verdauen, sie ergreifen von uns Besitz, sie durchdringen uns, weil wir keinen Boden mehr haben, weil wir entleert sind. Morgens die Zeitung aufzuschlagen ist, als tränke man eine Tasse pures Gift, ein Glas Schwefelsäure. Warum also nicht eine Stunde täglich den Nebel betrachten, etwas Licht, fern von Neurosen und Ängsten? Auch das ist Leben.

Können wir denn sicher sein, dass du dein kleines Privattheater jetzt endgültig liquidiert hast und es uns nicht wieder vorsetzen wirst?

Mit *I clowns* habe ich den Zirkus liquidiert, mit *Roma* Rom, mit *Amarcord* die Provinz. Jetzt mache ich einen Film über die Frauen, und damit ist dann auch mit den Frauen Schluss.

Und was wirst du danach tun?

Ich werde mich hinsetzen und das fortschreitende Alter abwarten – und dann einen Film über das Alter drehen.

Wieso bist du nicht persönlich nach Los Angeles gereist, um den Oscar für *Amarcord* in Empfang zu nehmen?

Weil ich verpflichtet war, den dritten Jahrestag der Vorbereitungen zum *Casanova* zu feiern. Ja, das ging nun schon drei Jahre. In Gang gebracht hatte das Projekt Dino De Laurentiis, aber dann kam alles zum Stillstand wegen der Wahl des Hauptdarstellers, wie das schon bei *La dolce vita* gewesen war.

Der Produzent wollte unbedingt einen amerikanischen Star, der den kommerziellen Erfolg des Films garantieren sollte, damit die Kosten auch sicher wieder reinkämen. Er nannte Robert Redford, Al Pacino, Marlon Brando. Ich entgegnete ihm, mit Redford, Pacino oder Brando würde aus *Casanova* das Gegenteil dessen, was ich machen wolle, aber darauf hat er kein bisschen gehört. Er sagte: »Wie kannst du Redford ablehnen? Er würde dir gehorchen wie ein Hündchen. ›Komm, Redford, los, Redford‹, und der rennt los.«

»Aber Redford hat nicht das zur Figur passende Gesicht«, wandte ich ein.

»Das ist doch egal. Setz ihm eine Maske auf, ganz wie du willst«, sagte er.

»Al Pacino ist ein großartiger Schauspieler«, sagte er.

»Aber Al Pacino ist nur einen Meter zwanzig groß, Casanova dagegen war einen Meter neunzig«, entgegnete ich.

»Du täuschst dich, Al Pacino ist gigantisch groß«, antwortete er.

Tatsache ist, dass daraus nichts wurde und er das Projekt aufgab.

Wer kam an seiner Stelle?

Angelo Rizzoli junior. Bei der Produktionsfirma Cineriz wurde das gefeiert: Die Rückkehr des verlorenen Sohnes, der dem Haus einst großen Glanz beschert hatte mit *La dolce vita*, *Otto e mezzo* und *Giulietta degli spiriti*. Dann aber nahm das Projekt völlig überzogene finanzielle Dimensionen an. Dem Produzenten fiel ein, dass der verlorene Sohn als verschwenderisch galt, und er wollte deshalb einen Kostenvoranschlag.

»Wie soll man einen Kostenvoranschlag machen in einem Land wie Italien, wo man nicht einmal weiß, ob man die nächste halbe Stunde überleben wird?«, sagte ich ihm. Daraufhin zog er sich ängstlich zurück.

Nun trat Alberto Grimaldi auf den Plan, nachdem er im Vorfeld dafür gesorgt hatte, dass der Film in Italien von Titanus, in den USA von Universal und für den Rest der Welt von United Artists verliehen würde. Jetzt konnte die Arbeit am Film wieder aufgenommen werden. Wir hatten ihn aus den Tiefen des Meeres geborgen, schimmlig und mit Muscheln überkrustet. Ich hatte zunächst daran gedacht, die Rolle von Casanova Gian Maria Volonté zu geben. Es hätte ihm gutgetan, nach all den gepeinigten Figuren, dank deren die Menschheit einen Sprung nach vorn gemacht hatte, eine Figur zu spielen, die einen Sprung rückwärts machte. Aber all die Verschiebungen hatten zu Vertragsverletzungen geführt. So kam es dazu, dass ich die Rolle Donald Sutherland anvertraute, einem von Sperma strotzenden langen Lulatsch mit den Augen eines Masturbators, so weit entfernt vom Bild eines Abenteurers und Schürzenjägers, wie man es sich nur denken kann, aber ein seriöser, gut vorbereiteter Schauspieler, ein Profi. Ich hatte ihn kennengelernt, als Paul Mazursky mich gebeten hatte, in seinem Film *Alex in Wonderland* (dt. *Alex im Wunderland*, 1970) mitzuspielen. Doch wenige Wochen nach Beginn der Arbeiten stoppte der Produzent den Film und entließ alle Mitglieder des Teams.

»Einen Film zu drehen ist wie die Erschaffung der Welt.«

Was war passiert?

Das kann ich dir nicht sagen. Es war ein plötzlicher, unverständlicher Stillstand. Normalerweise gibt es Vorwarnungen, Anzeichen dessen, was geschehen wird. Aber diesmal hatte es keinerlei Vorwarnung gegeben, rein gar nichts.

Hattest du Kol, deinen Wahrsagerfreund, nicht konsultiert?

Leider nein. Grimaldi sagte: »Die Dreharbeiten sollten vor Weihnachten 1976 abgeschlossen werden und die Kosten sollten 4,2 Milliarden Lire nicht überschreiten. Aber an

Weihnachten hatte Federico erst sechzig Prozent des Films gedreht und bereits 5 Milliarden ausgegeben.« Doch dem war nicht so. Ohnehin kann niemand voraussagen, was ein Film kosten wird, nicht einmal die Produzenten, nicht einmal die großen amerikanischen Firmen. Einen Film zu drehen ist wie die Erschaffung der Welt. Das glaubt mir jetzt keiner, aber bei *Otto e mezzo* tauchte auf der Abrechnung sogar ein Tee auf, zu dem ich während der Dreharbeiten die Frau des australischen Botschafters in Rom eingeladen hatte, die mich am Set besuchen kam. Und zu den eigentlichen Kosten muss man immer noch die Zinsen dazuzählen, die mit jedem Tag wachsen, die Kosten für die Werbung, den Filmstart und so weiter. Doch im Fall von *Casanova* waren die Kosten aufgebläht worden.

Wer hat sie aufgebläht?

Das weiß ich nicht, aber aufgebläht wurden sie. Was das Übrige betrifft, das stimmt einfach nicht: Geplant waren sechsundzwanzig Arbeitswochen, vom 21. Juli bis zum 21. Januar. Am 16. Dezember waren wir in der neunzehnten Woche. Uns blieben noch sieben. Vier hatten wir aus verschiedenen Gründen verloren: zwei, weil die Bauten noch nicht fertig waren; eine, weil Sutherland gestürzt war und danach flachlag; die vierte wegen Streiks. In diesen wenigen Monaten hatte es mehr Streiks gegeben als im Metallarbeitersektor von ganz Italien seit dem Zweiten Weltkrieg. So blieben uns also insgesamt noch elf Wochen. Ich machte Kürzungen im Drehbuch und eliminierte so zwanzig Prozent der verbleibenden Sequenzen. Wir hätten das restliche Viertel des Films also in sechs, sieben Wochen fertigstellen können. Doch plötzlich war der Weg versperrt. Ich weiß wirklich nicht mehr, wie ich danach noch die Kraft gefunden habe, den Film fertigzudrehen.

Könnte es sein, dass all das passiert ist, weil du Casanova nicht geliebt, sondern gehasst hast?

Wie hätte ich den lieben können, nachdem ich mich der Strapaze unterzogen hatte, seine Memoiren zu lesen? Sie sind tödlich langweilig und so pedantisch geschrieben, dass man nie begreift, wovon sie eigentlich handeln. Sie sind ein papiernes Meer, öder und deprimierender als ein Telefonbuch, ein pharmazeutisches Verzeichnis. Noch die schönste Wohnung wird schauderhaft, wenn sie wie von einem Gerichtsvollzieher beschrieben wird. Um es bildlich auszudrücken: Es ist, als würden Strafgefangene den schiefen Turm von Pisa aus Zahnstochern nachbauen.

Was nun deine Frage betrifft: Es ist nicht auszuschließen, dass all diese Dinge nicht so sehr wegen meines Hasses auf Casanova passiert sind, als vielmehr deshalb, weil ich den Mythos Casanova zerstören wollte – und dabei hatte ich doch immer behauptet, Mythen seien etwas Lebenswichtiges und sollten deshalb gepflegt, nicht zerstört werden. Somit hätte sich also der Mythos gerächt und daran gemacht, mich zu zerstören. Es ist unglaublich, was alles passiert ist: Es wurden sogar Negative des Films gestohlen, etwas, was in der Geschichte des Kinos, ja in der Kriminalgeschichte noch nie vorgekommen war.

Wie konntest du erwarten, dass das Publikum Gefallen finden würde an einem Casanova wie deinem, das heißt einem glatzköpfigen, bartlosen, wächsernen, gepuderten, schleimigen, schmutzigen und stinkenden langen Lulatsch?

Ich erwartete, dass die Kritiker wenigstens den Versuch würdigen würden, uns von einer so widerwärtigen und unnützen Figur zu befreien, diesem Symbol des Ancien Régime und der Gegenreformation, dieser Verkörperung des frustrierten, infantilen und verklemmten Italieners.

Das heißt, du bist enttäuscht über die Urteile der Kritiker?

Ja, aber ich habe sie nur noch vage in Erinnerung.

Dann gebe ich dir einen Überblick. Giovanni Grazzini im *Corriere della Sera*: »So ist dieser *Casanova* nichts als eine Demonstration technischen Geschicks«, allerdings gibt es »atemberaubende Explosionen visionärer Genialität«. Guglielmo Biraghi in *Il Messaggero*: »Dieses Universum im Zustand fortgeschrittener Auflösung pulsiert nicht vor trostloser Unruhe, sondern sackt in sich zusammen zu einer trüben Pfütze.« Und die Politikerin der Radikalen, Emma Bonino: »Ich bin tatsächlich im Kino eingeschlafen.«

Ich leide an so schlimmer Schlaflosigkeit, dass mich nicht einmal Reden von Emma Bonino zum Einschlafen bringen.

Susanna Agnelli: »Ein Film gegen das Leben, voller Tod.«

Ich gratuliere Signora Agnelli: Sie hat den Film wirklich kapiert.

Die Feministin Biancamaria Frabotta: »Sogar Fellini beginnen die Augen aufzugehen, was die Objektivierung der Frau betrifft.«

Ich möchte meine Augen lieber zu- als aufmachen.

Germaine Greer im *Tempo Illustrato*: »Nach zehn Jahren des Neuen Feminismus wagt es Fellini, ein Frauenbild zu

präsentieren, das entfremdeter und fetischistischer ist, als man es vom pornographischsten Pornofilm erwarten würde.«

Tut mir leid für meine Freundin Germaine, aber sie hat offenbar nicht begriffen, dass ich im Film die Dinge nicht aus meiner, sondern aus Casanovas Sicht zeige.

»Es fällt einem Menschen viel leichter, seine tiefsten Überzeugungen zu ändern als seine Vorurteile.«

Es gibt aber auch positive Einschätzungen. Ignazio Majore in *Il Secolo XIX*: »Fellinis Diskurs über das 18. Jahrhundert ist äußerst modern und leider aktuell.« Mario Soldati in *La Stampa*: »Tatsächlich ist *Casanova*, dessen Bedeutung sowohl einfacher als auch tiefer ist, als die Kritiker erkennen wollen, anders als alle anderen Filme von Fellini.«

Das sind die beiden Artikel, die ich gelesen habe.

Dann gibt es aber auch die Reaktionen des Publikums. »Ich habe den Film nicht gesehen und werde das auch nicht tun«, sagte eine Dame aus der römischen Bourgeoisie. Auf die Frage, warum, antwortete sie: »Weil mir all meine Freunde davon abgeraten haben.«

»Dieser Fellini ist mir auf die Nerven gegangen«, sagte ein Herr aus dem gleichen Milieu. Solche Ansichten sind ziemlich verbreitet.

Die diffuse Wirkung, die der Film bei manchen Zuschauern hat, etwas zwischen Enttäuschung und der Unfähigkeit, seine Meinung zu äußern, haben meiner Ansicht nach ziemlich klare Ursachen: Das Publikum erwartete, dass der Film das bestätigen würde, was es über Casanova wusste oder gern gewusst hätte. Aber was wusste das Publikum über Casanova? Nichts oder fast nichts. Seine Memoiren hat niemand oder fast niemand gelesen, ich eingeschlossen. Aber es gibt nun mal nichts auf Erden, was sich mehr gegen Veränderung sträubt, was dagegen resistenter ist als das Nichts, das, was nicht existiert, das Vage, Leere, Allgemeine, Ungefähre, die Vorurteile. Es fällt einem Menschen viel leichter, seine tiefsten Überzeugungen zu ändern als seine Vorurteile. Außerdem erwartete das Publikum, dass ich ihn entheiligen würde, aber nur bis zu einem gewissen Grad und mit viel komplizenhaftem Augenzwinkern meinerseits. Ihn schlechtmachen, das schon, aber nicht all zu schlecht: Er ist immerhin ein nationales Phallusdenkmal.

Die Kritiker sagen, deine Darstellung des 18. Jahrhunderts sei völlig unwahrscheinlich, du hättest Casanova als schmutzigen Lakaien der Macht dargestellt und dabei den Aufklärer, den Literaten, den Wissenschaftler ignoriert, um ihn in eine reaktionäre, leichenhafte Puppe zu verwandeln.

Ich hatte nie vorgehabt, einen Historienfilm zu drehen. *Casanova* ist kein Historienfilm über das 18. Jahrhundert. Wenn mein 18. Jahrhundert unwahrscheinlich ist, sollte man mir dafür dankbar sein, statt mich zu tadeln. Was war denn die europäische Gesellschaft vor der Französischen Revolution anderes als ein Friedhof? Casanova ein Aufklärer, Literat, Wissenschaftler, eine Figur von historischer

Bedeutung? Was hat der denn Literarisches, Wissenschaftliches, Historisches geleistet? Die marxistischen Kritiker haben gesagt, der Film helfe nicht bei der Lösung der Probleme, die uns gegenwärtig bedrängen. Aber die Kunst hat noch nie Probleme gelöst, sie formuliert sie vielmehr, gestaltet sie.

Was antwortest du den Feministinnen?

Ich finde es schade, dass der Feminismus oder der Neue Feminismus nicht begriffen hat, wie aktuell der Film ist. Die Feministinnen stören sich genau an dem, was ich kritisch beleuchten wollte. Wie kann man übersehen, dass Sex, Eros, Liebe, wenn sie auf eine bestimmte Weise praktiziert werden – nämlich narzisstisch, ohne Zärtlichkeit, ohne eine echte Beziehung, ohne Gefühle und Phantasie, ohne Gegenseitigkeit, sondern als immer gleiche Körperertüchtigung, Gymnastik, nicht mehr als eine flüchtige, neurotische und frustrierende Begegnung –, zu nichts anderem als zum Tod führen können? Wie kann man übersehen, dass ein solcher Mann Frauen zwangsläufig als Objekte wahrnimmt? Aber all das wurde nicht begriffen.

Wenn dem so ist, warum bestehst du dann weiterhin darauf, dass Äußerungen des Autors zu seinem Werk unnötig seien?

Ich bewundere Regisseure, Maler, Bildhauer und Schriftsteller, die nach Abschluss der kreativen Phase zurücktreten, ihr Werk objektiv betrachten und dessen Wert einschätzen können: Noch nie habe ich jemanden sagen hören, sein Werk sei nichts wert.

Doch ich kann das nicht. Mit *Casanova* habe ich nichts anderes gewollt, als einen Film zu drehen. Auf mich als Autor hat die Meinung der Kritik kaum Auswirkungen. Müsste ich *Casanova* noch einmal drehen, würde ich ihn genau so machen, wie ich ihn gemacht habe. Weder Kritik noch Selbstkritik nützen mir etwas, ja die Meinung der Kritik zu berücksichtigen, kann für mich gefährlich sein. Denn wenn ich einen Film abgeschlossen habe, bin ich dermaßen leer, dass ich allen rechtzugeben drohe, die mich kritisieren. Umso dankbarer war ich deshalb für das Urteil von Georges Simenon. Bei einem Gespräch in Lausanne hat er mir gestanden, geweint zu haben, als er den Film gesehen habe.

Er hat dir aber auch gestanden, zehntausend Frauen gehabt zu haben. Nicht einmal der größenwahnsinnigste Italiener würde es wagen, eine solch haarsträubende Geschichte aufzutischen.

Es stimmt aber: Er hat täglich, oder mehrmals täglich, Sex gehabt, natürlich meist gegen Bezahlung.

Du hast immer gesagt, Politik interessiere dich relativ wenig, dass es reduktiv sei, deine Filme politisch zu interpretieren. Aber jetzt hast du mit *Prova d'orchestra* (dt. *Orchesterprobe*, 1979) einen politischen Film gedreht. Weshalb diese Kehrtwendung?

Mit *Prova d'orchestra* hatte ich nicht die Absicht, einen politischen Film zu drehen, sondern einfach nur einen Film. Einen Film über eine Orchesterprobe. Jede Interpretation von *Prova d'orchestra* aufgrund bestimmter Deutungsprinzipien – politischer, soziologischer, psychoanalytischer – reduziert ihn, verfälscht ihn. Und deshalb will ich auch nicht darüber reden, ich will nicht in die Situation geraten, diese oder jene Interpretation zu teilen.

»Heutzutage sind Politiker wie Masken tragende Schauspieler, sie sind Projektionen von uns selbst, wir sitzen alle im selben Boot.«

Wie auch immer: Manche haben sich gefragt oder vielmehr dich gefragt, warum zu einem Zeitpunkt, da die Regierung zu Recht oder zu Unrecht von verschiedenen Seiten angegriffen wird, du ausgerechnet die Repräsentanten der Regierung oder der Macht – von Sandro Pertini bis Giulio Andreotti, von Amintore Fanfani bis Francesco Cossiga – eingeladen hast, sich als Erste den Film anzusehen.

Ich habe mir da überhaupt nichts vorzuwerfen. Das hat sich zufällig so ergeben: Ich habe auf der Straße Präsident Pertini getroffen, der mir sagte, er habe im französischen Fernsehen *La dolce vita* wiedergesehen, und mir dazu gratulierte. Ich dachte, es wäre nett und demokratisch, ihn zu fragen, ob er meinen neuesten Film sehen wolle. Es ist nicht so, dass ich Politiker als Zuschauer privilegieren möchte. Viele von denen, die sich den Film angeschaut haben, kenne ich seit Jahren persönlich.

Heutzutage sind Politiker wie Masken tragende Schauspieler, sie sind Projektionen von uns selbst, wir sitzen alle im selben Boot. Außerdem: Wie sollen die ins Kino gehen, ohne dass sich darin dann Leibwächter und Auftragsmörder drängen? Der Alltag eines Politikers im psychotischen Klima des Terrors ist unvorstellbar. Ein Kosmonaut, der ins All hinausgeschleudert wird, hat mehr Kontrolle über sich und ist weniger isoliert als ein Politiker: Immerhin kann er sich in der kosmischen Einsamkeit trösten mit den Mythen von Ikarus und Odysseus.

Da liegt der Hund begraben. Im Film zeigst du Orchestermusiker, die im Stil der Achtundsechziger gegen den Dirigenten rebellieren. Ist dir entgangen, dass sich die Wirklichkeit verändert hat und heute auf den Straßen mit Maschinenpistolen geschossen wird? Die Figur des alten Orchestermusikers, der eine Pistole zieht und damit herumballert, hat heute etwas Prähistorisches.

Ich habe weder einen historischen noch einen politischen noch einen soziologischen Essay verfassen wollen. Ich wollte auch nicht die Gewerkschaften anklagen. Es geht hier um eine Orchesterprobe, nicht die Geschichte Italiens. Eine Orchesterprobe, bei deren Schilderung die Einheit des Ortes gewahrt wird. Der Film ist auch Ausdruck eines unbekannten Teils von mir, der mit dem Unbewussten des Zuschauers zusammentrifft. Und dieses Zusammentreffen hat eine kommunikative Wirkung, daraus ergibt sich eine heilsame Erschütterung.

In *La dolce vita* hattest du in einer Art Vorahnung die kritischen Zeiten vorweggenommen, die auf jene verlogene und selbstverliebte Euphorie folgen sollten. Hast du dich jetzt in einen Propheten der Vergangenheit verwandelt?

In *Prova d'orchestra* gibt es die gleiche Art Vorahnung, mit der ich *La dolce vita* gedreht hatte. Es gibt in diesem Film den Übergang von alltäglicher, gewöhnlicher, schlampiger Wirklichkeit – ein Fernsehinterview mit Orchestermusikern – zu höllischem Chaos. Kein Zuschauer bemerkt diesen heftigen, unvorhersehbaren Übergang. Und warum? Weil der Zuschauer sich in Wirklichkeit bereits in diesem höllischen Zustand befindet. Vernünftigerweise könnte er fragen: »Warum zeigt uns der Regisseur etwas, was wir schon kennen?« Genau diese Einsicht wollte ich mit meinem Film vermitteln.

Im Film geraten die Musiker bei der Auseinandersetzung mit dem Dirigenten in eine Art zerstörerischen Rausch, ein anarchisches, gewalttätiges Delirium. Aber wofür steht er, dieser Dirigent? Ist er nicht mitverantwortlich für das, was dann passiert?

Das ist eine provokative Frage. Will man den Film gesellschaftskritisch oder politisch deuten, als Parabel oder Metapher, muss man ihn als Darstellung einer umfassenden Gesellschaftskrise sehen.

»Wir erwarten immer von den anderen, dass sie ehrlich, verantwortungsbewusst und altruistisch sein müssen, nicht von uns selbst. Deshalb leben wir in einer Gesellschaft, die auf entsetzlicher Ungerechtigkeit beruht.«

Wenn wir den Film mal beiseitelassen: Warum sind wir an diesem Punkt angelangt?

Ich bin Regisseur, kein Politiker, kein Soziologe, kein Psychoanalytiker. Was ich dazu sagen kann, kann jeder sagen. Es herrscht totale Unsicherheit. Und wo rührt diese her? Schwer zu analysieren. Wir sind dazu erzogen worden, immer Ziele vor Augen zu haben, auf morgen ausgerichtet zu sein, auf ein Morgen, das man besitzen kann, das einem gehört. Wir haben nie unmittelbaren Kontakt mit dem Leben gehabt. Wir haben kein gesellschaftliches Empfinden. Die größte gesellschaftliche Einheit des Landes ist die Familie. Wir haben uns nie darum bemüht, unser Innenleben zu kultivieren, unser moralisches Leben. Wir erwarten immer von den anderen, dass sie ehrlich, verantwortungsbewusst und altruistisch sein müssen, nicht von uns selbst. Deshalb leben wir in einer Gesellschaft, die auf entsetzlicher Ungerechtigkeit beruht, auf Egoismen, die so verbreitet sind, dass man sich ihrer gar nicht mehr bewusst ist, auf Widersinnigkeiten aller Art. Verhängnisvolle soziale Umbrüche stehen uns bevor. Ich kenne aber kein Heilmittel, helfen kann uns nur ein fundamentales Umdenken, ein Umdenken in jedem Einzelnen von uns, in der individuellen Sphäre.

Wie erklärst du dir, dass niemand – statt auf Dostojewskis *Die Dämonen* zurückzugreifen, auf die russischen, chinesischen, amerikanischen oder israelischen Geheimdienste, auf die Theorie, dass Terrorismus ein neuer Aspekt des politischen Kampfes auf nationaler und internationaler Ebene sei –, dass niemand etwas Klares und Überzeugendes zu sagen vermag über das, was zurzeit in Italien geschieht? Ist es nicht eine Binsenweisheit, dass man nur dann gegen ein Phänomen anzukämpfen vermag, wenn man dieses auch erkennt? Kann man vorwärtskommen, indem man – wie auch du das in *Prova d'orchestra* zu tun scheinst – den Achtundsechzigern die Schuld für das zuschiebt, was heute in Italien passiert? Ist 1968 nicht eher eine Wirkung als eine Ursache? Reichen die Wurzeln dessen, was heute geschieht, nicht viel weiter zurück?

Ich bin der Letzte, der auf diese Fragen eine Antwort zu geben vermag. Ich glaube aber auch nicht, dass die Politiker dazu in der Lage sind. Vielleicht könnten das eher Soziologen oder Psychoanalytiker. Die heutigen Politiker sind in einem katastrophalen Zustand. Sie sind einem psychischen Stress ausgesetzt, wie ihn Analytiker nicht kennen und für den es deshalb keine Therapie gibt. Das ist eine neue Art von Neurose, die die Integrität der Politiker untergräbt, auch in ihrem Privatleben. Sie regredieren in ein infantiles Stadium, und ihre Leibwächter werden zu Kindermädchen. Wie könnte man da noch hoffen, dass Männer in einem solchen Zustand den Bedrohungen Einhalt gebieten, die aus sozialen Konflikten, Gewalt und Terrorismus herrühren?

Treiben wir also zwangsläufig dem Untergang entgegen, den du in *La dolce vita* vorweggenommen hast, und zwar nicht einem »prunkvollen« Untergang, »unter Regenbögen«, sondern einem düsteren, erschreckenden?

Von *La dolce vita* bis heute habe ich nichts anderes gemacht als gearbeitet, den Beruf eines Regisseurs ausgeübt. Meine Arbeit hat mir geholfen, vorwärtszukommen, aber gleichzeitig hat sie mich auch abseits der Aktualitäten gehalten, abseits dessen, was um mich herum geschah. Ich habe die Aktualitäten nur über die Schlagzeilen der Zeitungen verfolgt. Aber auch so wurde mir klar, dass sich im Land eine Resignation ausbreitet, ein Sich-Abfinden mit dem Abnormen, dem Wahnsinnigen, dem Monströsen. Das Beunruhigendste dabei ist unsere grenzenlose Fähigkeit, alles auszuscheiden. Wir sind zu Schläuchen oder Röhren geworden. Vielleicht sind wir so dem Schicksal entgangen, an einer entsetzlichen Verdauungsstörung zu sterben, aber dafür befinden wir uns jetzt in einer hoffnungslosen Situation.

Bleibt nicht immer noch die Möglichkeit, durch einen Schock zur Besinnung gebracht zu werden?

Das hoffe ich. Genau diese Art von Besinnung, von Einsicht wollte ich mit *Prova d'orchestra* wecken. Ich fürchte aber, dass die allfällige Nutzwirkung des Films seiner emotionalen Wirkung abträglich ist. Jede nur einen bestimmten Aspekt betonende Interpretation schadet ihm. Andererseits scheint nicht einmal der Fall Moro[21] einen heilsamen Schock bewirkt zu haben. Man nahm ihn eher mit einem Gefühl der Befreiung auf: als sei eine Schuld beglichen worden. Der katholische Opfermythos hat da gewirkt, statt dass es zu einem kollektiven Trauma gekommen ist, das einen Umschwung, eine Erneuerung ausgelöst hätte. Die Mythen schützen uns, aber wir müssen uns der Realität stellen, Verantwortungsgefühl entwickeln, erwachsen werden.

21 Am 16. März 1978 wurde Aldo Moro, eines der angesehensten Mitglieder der Partei Democrazia Cristiana und ein Mann, der immer wieder um eine Zusammenarbeit der linken und rechten Kräfte des Landes bemüht war, von den Roten Brigaden entführt und anschließend umgebracht.

LA CITTÀ DELLE DONNE
1980

Stimmt, was die Zeitungen schreiben, nämlich dass *La città delle donne* (dt. *Fellinis Stadt der Frauen*, 1980) von all deinen Filmen derjenige war, bei dem es am meisten Unfälle gab und am dramatischsten zuging?

Der absolut unglückseligste Film meiner bisherigen Laufbahn ist *Il viaggio di G. Mastorna*: Den habe ich seit 1966 im Kopf, doch nie habe ich es geschafft, ihn zu drehen, und ich glaube auch nicht mehr, dass ich es schaffen werde.

Aber von denen, die du gedreht hast, welches war der unglückseligste?

Ja, *La città delle donne*.

Gab es mehr Zwischen- und Unglücksfälle als im *Casanova*?

Unendlich viel mehr. Bekanntlich scheue ich keine Übertreibungen, aber es ist nicht übertrieben, wenn ich sage, dass all das, was während der Arbeit an *La città delle donne* passiert ist, sich in der Geschichte des Kinos von Méliès bis heute nie ereignet hat: Geburten, Tote, Begräbnisse, Blutbäder, Katastrophen. Von wegen »Die menschliche Komödie«, das war eher die menschliche Tragödie. Eine Aneinanderreihung von Unglücksfällen, eine Folge von Desastern, eine ununterbrochene Serie von Unvorhergesehenem und Unvorhersehbarem: Unfälle, Krankheiten, Verbrennungen, Kurzschlüsse, Explosionen, Proteste, Gewerkschaftsstreitereien, Streiks und Aufstände. Ein Kompendium negativer Ereignisse, oder jedenfalls mehr negativer als positiver. Ettore Bevilacqua ist gestorben, der Mann, der von meinem persönlichen Masseur zu einer Art Steward des ganzen Teams geworden war. Mein Komponist Nino Rota ist gestorben. Ettore Manni, der zweite Hauptdarsteller neben Marcello Mastroianni, ist gestorben. Dem Ausstatter Dante Ferretti und dem Kameramann Gianni Fiore wurde von ihren Ehefrauen respektive Lebenspartnerinnen je ein Sohn geboren. Marcello Mastroianni und der Co-Drehbuchautor Brunello Rondi verloren ihre Mütter. Außerdem musste Marcello Mastroianni bestimmt viermal am Auge operiert werden wegen eines Gerstenkorns, das ihm keine Ruhe ließ. Viele Elektriker erlitten Verbrennungen an den Händen und anderen Körperteilen. Der ausführende Produzent Renzo Rossellini junior heiratete Lisa Caracciolo, die berühmte römische Fürstin, die er am Set kennenlernte, wo sie als Produzentin von *Appunti su »La città delle donne«* war, dem Fernsehspecial, das Ferruccio Castronuovo drehte. Ich selbst habe mir einen Arm gebrochen und musste über einen Monat lang einen Gips tragen.

Entschuldige, aber hat Alberto Grimaldi in diesem Fall nicht recht, wenn er dich als Attila oder Super-Attila des Weltkinos bezeichnet?

Das ist eine hundsgemeine Frage, ich sollte so tun, als hätte ich sie gar nicht gehört. Dennoch sage ich dir, dass *La città delle donne* unter einem schlechten Stern stand: unter einer anhaltenden Spannung, einer nicht nachlassenden, ja wachsenden Angstneurose. Jeder Film wird auf eine spezifische

Art durchlebt. *La città delle donne* wurde durchlebt, als befänden wir uns in einer Savanne, in einer Landschaft, in der alle möglichen Gefahren lauerten. Denke ich heute darüber nach, muss ich allerdings sagen, dass ich vergleichsweise glimpflich davongekommen bin: Der Versuch, die tiefsten Tiefen der weiblichen Psyche zu ergründen, zwang mich dazu, zum Taucher werden, und es ist ein Glück, ja ein Wunder, dass die Haie mich nur gestreift und nicht gebissen oder ganz verschlungen haben.

Willst du damit sagen, es sei eigentlich ein Wunder, dass du die Sache überlebt hast?

Genau. Ich bin lebensgefährliche Risiken eingegangen, was ich freilich schon geahnt hatte, bevor ich zu drehen begann. Ich wurde im Traum vorgewarnt: In einem psychagogischen Bild, in einer blitzschnellen Belichtung, sah ich all das, was geschehen würde, und das hat sich dann auch bestätigt. Dieser Traum dauerte nur einen Sekundenbruchteil. Ich sah eine endlose Wasserfläche und mich selbst inmitten eines Sturms auf einem kleinen, sinkenden Boot, das Wasser reichte mir bereits bis zu den Waden, und ringsum sah man überall Haifischflossen. Das war ein beängstigendes Bild, aber es erfüllte mich mit einer Art tragischer Fröhlichkeit, einem religiösen Vertrauen auch in einer außergewöhnlichen Situation. Was mag ein Mann denken, der sich plötzlich von einem Schwarm von Haien umringt sieht? Er kann nur das denken, was ich gedacht habe: dass wie in einem James-Bond-Film ein Helikopter kommen und mich herausholen würde, oder einer dieser trainierten Haie, die sich plötzlich in Delfine verwandeln, oder ein geheimnisvoller Vogel, an dem ich mich festklammern könnte, um so dem Untergang des Boots und dem Tod zu entgehen.

Was ist dir stattdessen im Traum passiert?

In diesem Moment bin ich erwacht. Doch als ich kurz vor Abschluss des Films war, habe ich einen Traum gehabt, den man als Antwort auf den Traum verstehen kann, den ich am Anfang gehabt habe. Ich war in Venedig. Zu meinen Füßen war ein Kanal, links von mir eine Brücke und vor mir Giuseppe Rotunno, der leitende Kameramann, der Spender des Lichts. Rotunno will zu mir gelangen, aber statt über die Brücke zu gehen, macht er einen Sprung und droht in den Kanal zu fallen. Doch genau in dem Moment, da er in die Tiefe zu stürzen droht, taucht ein U-Boot auf, nimmt ihn an Bord und bringt ihn zu mir. Wir haben uns umarmt mit der Begeisterung geretteter Schiffbrüchiger, zweier Schulkameraden, die sich seit Langem nicht mehr gesehen haben.

Die Bedeutung des Traums ist klar: Wie ich schon oft gesagt habe, ist Film für mich gleichbedeutend mit Licht, Licht ist für mich alles, ein Bild kann nicht ausgedrückt werden, kann nicht leben ohne Licht. Rotunno stand für das Licht, die Rettung des Films. Der Film ging nicht unter, wir sind nicht ertrunken, weil eine Situation eintrat, die zwar außergewöhnlich war, aber im Grunde rational: Ein U-Boot ist ein wissenschaftliches Instrument, ein Produkt höchster Ingenieurskunst, das in die Tiefe sinken, aber auch wieder auftauchen kann. Statt in einen Taucher habe ich mich also in einen U-Boot-Offizier verwandelt.

Kannst du uns jetzt die Bedeutung des Films erläutern?

Wie ich auch schon gesagt habe, drückt ein Cineast sich in seinen Filmen aus, und wenn der Film fertig ist, hat er seine Aufgabe erledigt. Wenn der Film noch im Ideenstadium ist, habe ich keine Lust, darüber zu reden, sei es aus einer Art

Aberglauben, sei es aus Respekt vor den Ideen. Man muss die Ideen in dieser Art von Zwischenreich lassen, wo sie wunderschön und geheimnisvoll wirken: Werden sie aus diesem Zwischenreich herausgerissen, werden sie ausbuchstabiert, verlieren sie ihre Schönheit und ihr Geheimnis.

Beginne ich zu drehen, lasse ich mich ein auf das erstaunliche Abenteuer, welches das Drehen eines Films darstellt, bin ich drin, und solange ich drin bin, kann ich darüber reden, und sei es nur, um ihn zu verteidigen, um all das zu korrigieren, was an Falschem, Abwegigem, Banalem über ihn gesagt wird.

Ist der Film aber fertig, steht er kurz davor, gezeigt zu werden und in Umlauf zu geraten, bin ich nicht mehr fähig, darüber zu reden. Dann ist der Film autonom geworden, unabhängig, steht er für sich und muss selbst seinen Weg gehen, egal wie es um seine Kräfte steht.

»Film ist für mich gleichbedeutend mit Licht,
Licht ist für mich alles,
ein Bild kann nicht leben ohne Licht.«

Dann bist auch du ein Vertreter der Theorie, dass ein Kunstwerk unabhängig vom Autor und den Umständen seiner Entstehung beurteilt werden soll?

Ich glaube, dass an einem bestimmten Punkt der Autor zurücktreten und den Film sich selbst überlassen soll. Spricht er über ihn, analysiert ihn und interpretiert ihn, macht er ihn ärmer, demütigt er ihn, sperrt ihn ein in Konzepte, die ihn ersticken. Was mich betrifft, so ist es so: Ist ein Film abgeschlossen, wird er mir, so absurd das klingen mag, fremd, als hätte nicht ich ihn gemacht.

Alles, was man über einen Film sagt, schiebt sich wie ein dunkler Schirm zwischen ihn und den Zuschauer. Angesichts der Masse an Interpretationen, welche die Kritiker produzieren, wird der Zuschauer verwirrt, verstört, terrorisiert, bevor er sich überhaupt ins Kino setzt, um im Dunkeln die Bilder zu genießen, die der Film zu bieten hat. Ein Film ist kein philosophisches, psychologisches, soziologisches Traktat, er ist eine Abfolge von Bildern, die im Zuschauer mehr oder weniger tiefe Gefühle auf der bewussten und der unbewussten Ebene hervorrufen sollen. All die mehr oder weniger gelehrten Exegesen berauben ihn seiner Wirkungskraft.

Wenn ich einen Film abgeschlossen habe, ist der stärkste Drang, den ich empfinde, der, so weit wie möglich weg zu laufen. Im Lauf der Jahre ist dieser Drang heftiger geworden. Mittlerweile stört es mich, auf der Straße erkannt zu werden, ich fühle mich unbehaglich und möchte anderswohin rennen.

Kommen wir zurück auf *La città delle donne*.

Ich hoffe, der Film hat bei dir Gefühle ausgelöst, tiefe oder andere.

Aber der Mensch besteht nicht nur aus Gefühlen, er hat auch einen Geist, der denkt.

Und was hast du gedacht, als du den Film gesehen hast?

Ich habe gedacht: Nach *La dolce vita* und *Otto e mezzo* hat sich das Zwillingspaar Fellini-Mastroianni wieder zusammengetan, um sich der *femme révoltée* zu stellen, oder dem rebellierenden weiblichen Universum.

Und wie ist deiner Meinung nach dieser Kampf ausgegangen?

Das Zwillingspaar wurde besiegt. Es ist klar geworden, dass weder du noch Mastroianni die Welt verstanden habt, der ihr euch gestellt habt, das heißt die rebellierende Frau oder was du die tiefsten Tiefen der weiblichen Psyche genannt hast.

Und warum haben wir die rebellierende Frau nicht zu verstehen vermocht?

Weil ihr beide ungefähr so geblieben seid, wie ihr zur Zeit von *La dolce vita* und *Otto e mezzo* gewesen seid, während sich das Universum der Frau radikal verändert, sich grundlegend verwandelt hat.

Du hast den Film überhaupt nicht kapiert. Du hast nicht kapiert, dass das dunkle, unbekannte, geheimnisvolle Weib aus *La dolce vita*, die Haremssklavin aus *Otto e mezzo* ebenso wie die bewusste, selbstbewusste, klar denkende und rebellierende Frau aus *La città delle donne* ich bin, immer ich. Ich bin gleichzeitig das tobende Meer und der Taucher.

Du kannst dich da nicht herauswinden, indem du Flaubert parodierst.

Was soll die olle Kamelle von »Madame Bovary, c'est moi« mit *La città delle donne* zu tun haben?

Hast du gelesen, was über *La città delle donne* geschrieben wurde, hast du die Publikumsreaktionen auf den Film verfolgt?

Es ist weder so, dass ich mich darum bemüht hätte, alle Zeitungen zu sammeln, in denen etwas über den Film gesagt wurde, noch habe ich mich in eine Ecke der Kinosäle gestellt, wo der Film gezeigt wurde, um das Mienenspiel des Publikums zu beobachten und zu hören, was es sagte …

Hast du die Zeitungen gelesen oder nicht?

Ich habe sie gelesen und nicht gelesen.

Könntest du bitte etwas deutlicher werden?

Ich bin in dieser Hinsicht ein bisschen wie ein Voyeur. Nehme ich eine Zeitung zur Hand und öffne sie auf der Seite, die mich interessiert, halte ich diese nicht frontal vor mich, sondern betrachte sie schräg, aus einem gewissen Winkel und mit einer gewissen Distanz, als gehe es bei dem, was da geschrieben steht, um jemand anderen, jemanden, mit dem ich zwar durchaus befreundet bin, zu dem ich aber auch eine gewisse Distanz habe. Das tue ich nicht aus Angst, aus Unsicherheit …

… sondern vielmehr aus lauter Übermut, dank eines bombensicheren Selbstbewusstseins. Aber was hältst du nun von den Kritikerurteilen, den Publikumsreaktionen?

Die Urteile sind gut, positiv, obschon ich bei einigen das Gefühl habe, sie seien aus einem Gefühl der Verwirrung heraus entstanden. Sobald du dich unvoreingenommen ehrlich zeigst, verstößt du damit gegen die Regeln oder du giltst als unverständlich. Zu große Ehrlichkeit wird fast schon als unanständig empfunden.

Aber nun bin ich allmählich ein etwas älterer Regisseur,

das heißt, ich habe eine gewisse Erfahrung und lasse mich deshalb nicht unbewaffnet und wehrlos von Kritikern erwischen. Andererseits haben mich die Kritiker immer mit Sympathie behandelt, wenn nicht gar mit Respekt. Außer ganz am Anfang haben sie nie harte, traumatisch harte Urteile über mich gefällt.

Die Publikumsreaktionen scheinen mir sogar noch positiver zu sein. Das Publikum amüsiert sich, kommt zufrieden und gesättigt aus dem Kino. Vor allem das junge Publikum, männlich wie weiblich, nimmt den Film gut auf und versteht ihn richtig.

Wenn du die Zeitungen weiterhin nur aus den Augenwinkeln liest, läufst du Gefahr, dir ein X für ein U vorzumachen. Es stimmt, dass der Großteil der Kritiker dem, was sie die visionäre Potenz oder, modischer ausgedrückt, die phantasmatische Potenz von Federico Fellini nennen, auch diesmal die Ehre erweisen, aber es sind auch einige Zweifel, Vorbehalte und zuweilen bedenkliche Urteile geäußert worden. Auch die Zuschauer reagieren verschieden, und zwar nicht nur die Feministinnen.

Verschiedene Feministinnen haben am Film mitgearbeitet als Beraterinnen, mit Kommentaren und kleinen Essays. Wir gingen höflich, ja elegant miteinander um. Ich habe nicht den Eindruck, dass ihre Reaktionen so unerfreulich sind.

Kommt dir das, was Adele Cambria geschrieben hat, besonders höflich, ja elegant vor: »Nein, Federico, die Frauen sind kein Dünger für deine Laster.«

Adele Cambria ist genau eine von denen, die zu mir gekommen sind, um am Film mitzuarbeiten. Sie hat mir Texte gebracht, einen hübschen kleinen Essay über Feminismus, den ich teilweise verwendet habe. Diese winzige Frau mit ihren Glühwürmchenaugen ist mir sehr sympathisch, weshalb ich ihre Reaktion jetzt nicht verstehe. Vielleicht hält sie sich für Jeanne d'Arc. Ihr Artikel hat mit *La città delle donne* nichts zu tun. Sie spricht darin nicht über den Film oder mich, sondern über sich, ihre Frustrationen, ihre Probleme. *La città delle donne* hat nichts mit dem zu tun, was sie sagt.

Eine junge Lehrerin hat gesagt, *La città delle donne* sei »das Werk eines schmutzigen alten Mannes, und die Frauen darin sind Frauen, wie ein schmutziger alter Mann sie sich vorstellt«.

Wenn mich das beleidigen sollte, dann wegen des Adjektivs »alt« und nicht wegen des Adjektivs »schmutzig«. Als guter Katholik empfinde ich das Wort »schmutzig« als Auszeichnung, als Ehrenwappen.

Guglielmo Biraghi hat geschrieben, du seist ein Solipsist.

Ich muss gestehen, dass ich nicht weiß, was das Wort bedeutet, oder zumindest, in welchem Sinn er es verwendet. Aber vielleicht weiß er das ja selbst nicht. Außerdem bist du sehr parteiisch: Du zitierst nur die negativen Urteile. Antonioni, Antonello Trombadori, Lina Wertmüller, Natalia Ginzburg und viele andere haben schmeichelhafte Dinge gesagt.

Antonioni hat gesagt, in diesem Film seist du von einer bestürzenden Ehrlichkeit, und dem ist vielleicht so, wobei du selbst gesagt hast, dass zu große Ehrlichkeit an Unanständigkeit grenzt. Was die Urteile der anderen betrifft, so sind wir uns nicht einig: Antonello Trombadori und Lina Wertmüller sind mit dir befreundet. Natalia

Ginzburg hat keine Meinung geäußert, sondern ein unanfechtbares Urteil gefällt. Sie sagte: »Ich finde ihn wunderschön. Es interessiert mich nicht, ob er für oder gegen die Frauen ist. Er ist wunderschön, und damit basta.« Dem könnte man im gleichen apodiktischen Ton entgegnen: »Ich finde ihn miserabel. Es interessiert mich nicht, ob er für oder gegen die Frauen ist. Er ist miserabel, und damit basta.« Das liefe aufs Gleiche hinaus.

Ich will nicht die Kritiker kritisieren. Das ist unnütz und irgendwie anrüchig. Filme machen und Kritiken schreiben sind verschiedene Vorgänge. Eine allgemeine Bemerkung, einen kleinen Vorwurf kann ich mir allerdings nicht verkneifen: Die Kritiker reden nicht von Kino. Was Filmen tatsächlich bedeutet – das beschwerliche Unterfangen Kino –, wird für selbstverständlich gehalten und damit außer Acht gelassen. Dass zum jetzigen Zeitpunkt, da wieder einmal das amerikanische Kino die Leinwände in Beschlag nimmt, ein italienischer Regisseur einen Film zustande kriegt, einen sozusagen handgemachten, hergestellt weniger von einem Autor als von einem Handwerker, einem Baumeister, darauf weist niemand hin.

»Ich will nicht die Kritiker kritisieren. Das ist unnütz und irgendwie anrüchig.«

Aber man muss auch sehen, wie dieser handgemachte Film zustande kam. Tullio Kezich hat geschrieben, statt einen Film über deine Kindheit zu machen, die nun doch schon eine Weile zurückliegt, hättest du dich »anstren-

gen und einen Blick auf die Kindheit der Menschheit werfen« können.

Das klingt toll, keine Frage. Aber was hat es zu bedeuten? Was hätte ich machen sollen, einen Film über Primaten, über den Pithekanthropus? Ich bin Regisseur, kein Anthropologe, ich bin nicht Jean-Jacques Rousseau, ich bin nicht Giambattista Vico, nicht Hegel, nicht Lévi-Strauss.

Du bist ja gar nicht der Riesenignorant, als der du dich so oft darstellst.

Das sind Erinnerungsfetzen, Überbleibsel aus der Gymnasialzeit. Außerdem kommen solche Dinge auch in Comics vor.

Giovanni Grazzini hat von dem Tunnel im Film gesprochen, er schrieb: »Lieber die Augen verschließen vor der Wirklichkeit, lieber sich zusammengekauert in seine Träume zurückziehen und dort Zuflucht suchen, während der Zug in den Tunnel des Greisenalters fährt«.

Hoffen wir, er hat gemeint, ich sei am Ende meiner Laufbahn angelangt und nicht überhaupt am Ende. Ich habe trotzdem noch eine gewisse Lust, Filme zu machen. »Wirklichkeit«! Was soll das heißen? Jeder hat seine eigene Wirklichkeit. Ich schöpfe aus meiner eigenen Wirklichkeit, aus dem dunklen Teil von mir, aus meinem Unbewussten.

Aber dein Unbewusstes ist unerschöpflich!

Das sagst du, als meintest du damit: »Schämst du dich nicht, ein unerschöpfliches Unbewusstes zu haben?« Mein Unbewusstes ist so unerschöpflich wie das Unbewusste von allen.

Nein, deines ist anders als die anderen, es ist eine bodenlose Fundgrube.

Was für Banalitäten! Man hat auch gesagt oder vielmehr mir in den Mund gelegt, *La città delle donne* sei die Summa all meiner Filme. So einen Blödsinn habe ich nie gesagt, schon deshalb nicht, weil »Summa« wie »Solipsist« ein Wort ist, das ich nicht nur nicht verstehe, sondern gar nicht auszusprechen vermag.

Aber was ist *La città delle donne* denn nun?

Es ist ein Film über die Frauen oder über einen Mann, der sich durch die Frauen zu ergründen versucht.

Mit anderen Worten: ein Film über dich? Dann haben die Kritiker also recht.

Ich habe nie etwas anderes als Filme über Frauen gedreht oder über mich selbst, wenn man so will. Mich haben Frauen dazu bewegt, Filme zu machen. Da muss ich mit Bestürzung an meinen Freund Francesco Rosi denken, der immer Filme ohne Frauen macht. Ich verstehe wirklich nicht, wie er das kann. Ohne Frauen könnte ich überhaupt nichts machen. Ich bin nicht über Eisenstein, Pudowkin, Murnau zum Kino gekommen. Wie ich wiederholt gesagt habe, habe ich die Filme von Eisenstein, Pudowkin und Murnau noch nie gesehen. Glaubst du mir jetzt, dass ich ein Riesenignorant bin?

Deine Koketterie ist so unerschöpflich wie dein Unbewusstes.

Das ist keine Koketterie, sondern die Wahrheit.

Wieso hast du bis vor Kurzem gesagt, man müsse erwachsen werden, und jetzt sagst du, man müsse immer Kind oder Jugendlicher bleiben?

Weil ich bemerkt habe, dass erwachsen zu werden nur zu einer Einsicht führt: dass erwachsen zu werden nichts nützt.

»Ich habe bemerkt, dass erwachsen zu werden nur zu einer Einsicht führt: dass erwachsen zu werden nichts nützt.«

Warum hast du früher gesagt, Kino sei Licht, und jetzt behauptest du, Kino sei Frau, also dunkel, obskur und rätselhaft?

Das Kino ist Licht und Finsternis, wie die Frau. Wie kann man vom Dunkel erzählen, ohne es zu erhellen?

Warum fürchtest du dich dermaßen vor dem Alter?

Ich habe mir das Problem des Altwerdens nie gestellt. Dies, das gebe ich zu, ist in der Tat ein Form von Koketterie. Ich sage, ich fühle mich alt, damit man mir entgegnet: »Aber nein, Federico, du wirkst wie ein Vierzigjähriger, ein Dreißigjähriger, ein Jugendlicher, ein Kind.«

Fürchtest du dich nicht vor dem körperlichen Zerfall mit all seinen Folgen? Wovor fürchtest du dich am meisten: vor Gebrechen, Zahnschmerzen, Nierenbeschwerden, dem Abnehmen der Energie?

Dem Haarausfall. Jedes Mal, wenn ich mir die Haare wasche und dabei ins Leere greife, überläuft es mich kalt.

Vor der Impotenz fürchtest du dich nicht?

Du provozierst schon wieder.

Und vor der schöpferischen Impotenz?

Ich glaube, noch nicht an diesem Punkt zu stehen. Man sagt, ich flüchte mich vor der Wirklichkeit und träume nur noch. Tja, ich habe mich jetzt verpflichtet, für das Fernsehen eine Reihe von Krimis zu drehen. Ich möchte, wie man so sagt, Zeugnis ablegen von den finsteren und tragischen Zeiten, in denen wir leben, von diesem labyrinthischen und unentzifferbaren Moment, und der Krimi scheint mir das geeignetste Genre zu sein, um das Gefühl der Verwirrung wiederzugeben, das uns bedrängt.

Du wirst nicht müde, dich als Katholiken zu bezeichnen. Aber in welchem Sinn? Glaubst du an Gott, an die Unsterblichkeit der Seele, ans Jenseits?

Das sind Fragen, die mich nicht betreffen. Das sind Fragen für Erwachsene. Ich bin immer auf der Flucht gewesen, von einem Telefongespräch zum anderen, ich habe nie die Zeit gehabt, mich in diese Probleme zu vertiefen. Warum und in welchem Sinn ich katholisch bin? Ich kann aus der Fruchtblase des Katholizismus nicht entkommen. Wie könnte man behaupten, nicht katholisch zu sein, wie könnte man sich befreien von einer Sichtweise, die seit zweitausend Jahren besteht? Ich finde, man macht es sich zu einfach, wenn man sich schlicht als säkular bezeichnet, wie das manche meiner Freunde tun. Ich bin von Natur aus kein Revolutionär, aber der Katholizismus hat in mir dieses Minimum an vielleicht etwas lausbubenhafter Aufmüpfigkeit geweckt, das mich befreit. Der katholische Ritus ist anregend: Es macht auf subtile und beunruhigende Weise Freude, gegen seine Regeln und Verbote zu verstoßen.

»Der katholische Ritus ist anregend: Es macht auf subtile und beunruhigende Weise Freude, gegen seine Regeln und Verbote zu verstoßen.«

Das ist der alte psychologische Mechanismus: Sünde-Reue-Absolution-Sünde, in einem endlosen Kreislauf.

Nenn es, wie du willst, mich regt es an.

Fürchtest du dich nicht vor dem Tod?

Nein, kein bisschen.

Aber du denkst daran?

Wie an einen Film. Ich glaube nicht, dass man dem Bedürfnis entkommt, Phantasien von diesem Ereignis zu entwickeln, über das niemand etwas weiß, trotz all dem, was Philosophen, Theologen, Anthropologen darüber geschrieben haben und schreiben …

Und ich verstehe nicht, wie die neuen Generationen ohne den Nimbus auskommen, den der Katholizismus auf die Frau projiziert.

Man hat nicht den Eindruck, die Psychoanalyse habe dir sonderlich geholfen und *La città delle donne* sei eine, wie man so sagt, befreiende Erfahrung gewesen, die dich über gewisse Schemata hinausgetragen habe.

Sollen sie sagen, was sie wollen, aber einer Frau hinterherzugehen, die ihre Hüften wiegt, während mahnend und drohend die große Glocke des Petersdoms ertönt, wie es in einem Sonett von Giuseppe Gioachino Belli heißt, das ist ein Bild, das mich weiter fasziniert.

Von all den schlimmen Ereignissen, die während der Dreharbeiten zu *La città delle donne* passiert sind, welches hat dir am meisten zugesetzt?

Natürlich der Tod von Nino Rota. Unsere Beziehung war anders als andere, die entstehen, sich entwickeln, stärker und schwächer werden. Es war eine Beziehung, die sich nie verändert hat. Das erste Mal, als wir uns in die Augen sahen, hatten wir das Gefühl, einander wiedergefunden zu haben. Das geschah blitzartig.

Ich bin ihm oft bei der Produktionsfirma Lux Film in der Via Po begegnet. Ich sah diesen sanften, freundlichen, immer lächelnden kleinen Mann, der durch Türen zu gehen versuchte, die es nicht gab, wobei er angesichts der Aura von Zauberei und Unwirklichkeit, die ihn umgab, tatsächlich auch zu einem Fenster hinaus hätte fliegen können, wie ein Schmetterling. Er war total gegenwärtig und abwesend zugleich. In jeder Umgebung und bei jeder Gelegenheit, in der man auf ihn stieß, vermittelte er immer den Eindruck, er sei durch Zufall da hingeraten, aber gleichzeitig gab er einem immer auch das Gefühl, man könne auf ihn zählen, er könne einen ein Stück des Weges begleiten.

Wo habt ihr euch kennengelernt?

Wie gesagt, in der Via Po. Ich kam aus der Lux Film, er gesellte sich zu mir und begleitete mich ein langes Stück. Wir gingen die ganze Via Po entlang. Als wir bei der Ampel ankamen, fragte ich ihn zum Abschied: »Und wo gehst du hin?«

»Ich war auf dem Weg zur Lux, ich muss zur Lux«, antwortete er und kehrte um.

In seiner Vagheit der Beziehungen, der Art, wie er war und erschien, in seiner Ungreifbarkeit wirkte er wie ein Kind, das im verrücktesten Verkehr den Largo del Tritone zu überqueren versucht – doch zugleich war er der präziseste, pünktlichste, präsenteste und offenste Mann, den man sich denken konnte. Es war, als helfe ihm etwas nicht Wahrnehmbares: Er glitt zwischen Dingen, Schwierigkeiten, den gefährlichsten Ereignissen hindurch, als werde er von einer magischen Hülle beschützt.

Ich glaube nicht, dass ihm je ein größeres Missgeschick passiert ist, ihm, der keine Uhr trug, nie wusste, welcher Tag es war, ja nicht einmal welcher Monat. Eines Tages sollte er um 20 Uhr ein Flugzeug nehmen, und da es spät wurde, drängte ich ihn zu gehen. Er fuhr zum Flughafen und verpasste, ohne es zu merken, den Flug. Er fragte eine Hostess: »Wann geht das Flugzeug?«

»Das ist schon abgeflogen«, antwortete sie.

»Aber es ist doch 10:30 Uhr.«

»Nein, es ist 20:30 Uhr.«

Das ist meines Wissens der einzige Fall, in dem die Wirklichkeit ihn auf dem falschen Fuß erwischt, in dem die Zeit sich gegen ihn gewandt hat. Sonst aber gab es nie das geringste Missgeschick. Vielleicht kam er erst im letzten Moment an, aber er kam an.

Was verband euch?

Vielleicht der vage, unbestimmte Gemütszustand von Menschen, die immer erwarten, dass etwas Überraschendes geschieht. Die zauberische Aura, die ihn umgab, als werde demnächst ein Wunder geschehen, färbte auch auf seine Umgebung ab. Wenn er dabei war, hattest du nie das Gefühl, es könnte etwas schiefgehen, bedrohlich werden, sich gegen dich wenden. Er war ein Wesen, das über eine seltene Eigenschaft verfügte, die kostbare Eigenschaft der Intuition. Sie bewirkte, dass er so unschuldig, so anmutig, so heiter wirkte. Aber versteh mich nicht falsch: Er war kein Zauberer. Ganz im Gegenteil. Er konnte über Menschen und Dinge die scharfsinnigsten, tiefstschürfenden Bemerkungen machen, die von beeindruckender Genauigkeit waren. Wie Kinder, wie besonders empfindsame, unschuldige und offene Menschen, sagte er aus heiterem Himmel die verblüffendsten Dinge.

Wann begann eure Zusammenarbeit?

Mit *Lo sceicco bianco*. Wir haben einander auf Anhieb vollkommen verstanden. Er musste meine Filme gar nicht sehen. Während der Vorführungen fiel er oft in tiefen Schlaf, aus dem er zuweilen plötzlich hochschreckte, und dann sagte er, vielleicht gerade das bemerkend, was in diesem Augenblick auf der Leinwand war: »Was für ein schöner Baum!«

Er musste sich die Filme dann am Schneidetisch zehn, zwanzig Mal anschauen, um ihr Tempo, ihren Rhythmus zu studieren, aber auch dann war es, als sähe er sie nicht. Er hatte eine geometrische Phantasie, eine musikalische Vision wie das Himmelsgewölbe, dank der er die Bilder meiner Filme gar nicht zu sehen brauchte. Fragte ich ihn, was für Melodien er zur Untermalung dieser oder jener Sequenz im Kopf habe, wurde mir klar, dass die Bilder ihn nicht kümmerten: Seine Welt war eine innere, zu welcher die Wirklichkeit kaum Zugang hatte. Er war aber nicht nur ein großer Komponist, sondern auch ein großer Orchestrator, der eine perfekte Partitur zustande brachte.

Kannst du etwas genauer beschreiben, wie eure Zusammenarbeit verlief?

Ich setzte mich neben das Klavier, erzählte ihm den Film, erklärte, was ich mit diesem oder jenem Bild, dieser oder jener Sequenz ausdrücken wollte, machte Vorschläge, wie dieses oder jenes Bild musikalisch kommentiert werden sollte; er folgte mir aber nicht, verlor sich in seinen Gedanken, auch wenn er nickte und emphatisch Ja sagte. Tatsächlich war er dabei, mit sich selbst Kontakt aufzunehmen, mit seiner inneren Welt, mit den Melodien, die bereits in ihm steckten. Am kreativsten war er in den Stunden nach Sonnenuntergang, von fünf bis neun: Sie kamen seinem Talent entgegen, seiner Gabe, seiner Inspiration.

Unvermittelt, mitten in meinem Gerede, griff er in die Tasten und begann zu spielen, ein Medium, ein wahrer Künstler. Der Kontakt brach ab, du spürtest, dass er dir nicht mehr folgte, dir nicht mehr zuhörte, als würden deine Erklärungen, Vorschläge, Konzepte ihm nur den Weg zur Kreativität verstellen. Wenn er wieder zu sich kam, sagte ich: »Diese Melodie ist wunderschön.«

Er aber antwortete: »Ich kann mich nicht mehr daran erinnern.«

Das waren katastrophale Momente, und um ihnen entgegenzuwirken, verwendeten wir in der Folge Tonbandgeräte. Die musste ich allerdings in Gang setzen, ohne dass er es merkte, sonst brach der Kontakt mit den himmlischen Sphären ab.

War es, als nähmst du an einer spiritistischen Sitzung teil?

So ungefähr. Es war eine Freude, mit ihm zu arbeiten. Seine Kreativität war so unmittelbar spürbar, dass du in eine Art Rausch gerietest, als wärst du derjenige, der die Musik machte. Er drang so vollkommen in die Figuren, die Atmosphären, die Farben meiner Filme ein, dass sie von seiner Musik durchdrungen wurden. Er war ein vollkommener Komponist. Er lebte in der Musik mit der Freiheit und dem Glück eines Wesens, das sich in der ihm entsprechenden Dimension bewegt. Wir haben uns so gut verstanden, dass wir uns auf die strengsten Zeitpläne, die drakonischsten Deadlines einlassen konnten, im Wissen, dass alles aufs Erfreulichste ausgehen würde. Diese Gewissheit, dass alles bestens enden würde, ist uns nie abhanden gekommen.

Hast du besondere Erinnerungen?

Einmal machten wir Aufnahmen in einem großen Saal. Hinter einer Glasscheibe waren die Musiker, der Dirigent, um sie herum Mikrofone, Kontrolllampen, Geräte. Plötzlich ging Nino auf Zehenspitzen, leise wie ein Gespenst, zu einem Oboisten und fügte in dessen Partitur mit einem Bleistift noch ein paar Noten hinzu. Das war die Sorte Wunder, die es bei ihm gab.

Es fällt mir schwer zu glauben, dass er nicht mehr da ist. Ich kann keine Distanz schaffen zu seiner Präsenz, der Art, wie er bei Verabredungen auftauchte. Er kam immer am Schluss, wenn der Stress der Aufnahmen, des Schnitts, der Synchronisation am größten war. Aber wenn er auftauchte, verflüchtigte sich der Stress, und alles wurde zum Fest, der Film erreichte eine fröhliche, heitere, phantastische Zone, eine Atmosphäre, in der ihm gleichsam neues Leben eingehaucht wurde. Nino überraschte mich immer. Nachdem ich in einen Film so viele Gefühle, so viel Licht gesteckt hatte, konnte sich Nino zu mir umdrehen und fragen: »Wer ist denn der da?«

»Das ist die Hauptfigur«, antwortete ich.

»Und was tut der?«, fragte er und fügte dann hinzu: »Nie sagst du mir was.«

Ich erinnere mich, dass ich während seiner Beerdigung dachte, ich könnte seine Musik nicht nur für *La città delle donne* wiederverwenden, sondern auch für die Filme, die ich danach drehen würde. Aber vielleicht war dieser Gedanke einfach dem Überschwang meiner Gefühle in diesem Moment geschuldet.

»Dass ich der Meinung bin, dass Rota einer der größten zeitgenössischen Komponisten war, versteht sich von selbst.«

Eure Freundschaft fand im Reich der Töne statt?

Seit einiger Zeit war es mir lieber, wenn die Musik für manche Sequenzen schon da war, bevor diese gedreht wurden. Dem war ganz besonders so im Fall von *La città delle donne*, in dem es Musicalszenen gibt. Aber Nino ging es nicht gut. Er hatte Herzprobleme, und obschon die Zeit drängte, zögerte ich, ihn anzurufen, auch wenn ich andererseits das Gefühl hatte, die Arbeit würde ihm guttun. Seit einigen Tagen sagte er mir, er sei bereit, doch ich zögerte weiter. Dann sagte ich ihm am Telefon: »Die Musik machen wir, sobald ich zu drehen begonnen habe.«

In einem Durchgang tauchte er auf. Er war bleich, noch bleicher als sonst. In leicht vorwurfsvollem Ton sagte er: »Wo treibst du dich überall herum? Willst du vielleicht einen anderen die Musik zu *La città delle donne* machen lassen?«

Wir verabredeten uns, wie gewohnt bei ihm zu Hause an der Piazza delle Coppelle beim Pantheon. Ich war unterwegs von der Cinecittà zu ihm, als mich ein Freund anrief und mir die traurige Nachricht mitteilte.

Was hast du damals empfunden?

Dass er nicht gestorben, sondern verschwunden sei, wie ein Gespenst, ein Kobold, eine Welle von Musik. Das hatte ich noch nie verspürt, dieses sonderbare ungreifbare Gefühl des Verschwindens, ein Gefühl, das ich manchmal auch zu seinen Lebzeiten empfunden hatte. Was mir nach mehr als zwanzig Jahren der Zusammenarbeit in Erinnerung bleibt als etwas, das ihn von allen anderen Menschen unterschied, ist seine Leichtigkeit, diese wundersame Präsenz-Absenz. Dass ich außerdem der Meinung bin, dass er einer der größten zeitgenössischen Komponisten war, versteht sich von selbst.

DAS KINO IST ERLEDIGT, DENNOCH: *E LA NAVE VA* *1982–1983*

Seit einiger Zeit sagst du, das Kino stehe kurz vor dem Zusammenbruch, sei am Ende. Worauf, auf welchen Elementen und Daten, beruht deine katastrophale Diagnose?

Im Lauf des Sommers habe ich persönlich ein Experiment gemacht: Ich habe zusammen mit dem Produzenten Renzo Rossellini achtzehn Kinosäle in Rom besucht, Premieren- und Reprisenkinos, Kinos im Zentrum und Kinos an der Peripherie, und zwar während der Hauptkinozeit, also zwischen 18:30 Uhr und 20:30 Uhr.

Ich ging von Saal zu Saal in einer Art zunehmenden Rausches. Es ist ja bekannt, dass Untergänge, Katastrophen und die Apokalypse mich immer erregt, in Aufregung versetzt haben. Ich war so erregt und aufgeregt, dass ich am liebsten alle Kinosäle Roms besucht hätte, von denen es über hundert gibt.

Auch Renzo Rossellini war erregt und aufgeregt, aber auf andere Art: Er hatte den Eindruck einer echten Katastrophe erhalten. Wir öffneten jeweils den Vorhang, schauten auf die Leinwand und dann in den Saal: Hunderte und Aberhunderte leerer Sessel, wie blinde Augen, verlassen wie der Laderaum eines gestrandeten Schiffs. Nur in vier, fünf Sälen war die Zahl der Zuschauer größer als die des Personals, also der Kassiererin, des Kartenabreißers, der

Platzanweiserin, des Filmvorführers und der Klofrau. Eins, zwei, drei, vier, fünf, sechs Zuschauer, mehr nicht. Der Anblick hatte etwas Faszinierendes, Science-Fictionhaftes: Als gäbe es auf der Erde plötzlich keine Bevölkerung mehr, doch die Maschinen liefen wegen des Trägheitsmoments trotzdem weiter.

Nach was für Kriterien habt ihr die Kinos ausgewählt?

Wir haben alle Arten von Sälen und Kinos ausgewählt, in allen Zonen der Stadt, um einen möglichst repräsentativen Querschnitt zu haben. Vom Zentrum aus sind wir dann immer weiter an die Peripherie gegangen, aber die Situation veränderte sich nicht. Es kam uns vor, als beobachteten wir einen Exodus, eine Massenauswanderung, eine gigantische Diaspora.

Die Infrastruktur war intakt, die Teppiche, Sessel, Lichter, die Projektoren funktionierten, aber das Publikum war nicht mehr da, war auf einen anderen Planeten ausgewandert. Wir sahen dunkle Silhouetten, vereinzelte Gestalten, Hinterköpfe, die wie abgeschnitten wirkten. Es juckte uns, hinzugehen und zu schauen, ob es sich um Menschen aus Fleisch und Blut handelte oder ob es Puppen waren, die die Kinobetreiber reingesetzt hatten, damit ein eventueller Zuschauer nicht in Panik geriete. Die Kinobetreiber wunderten sich über unsere Verwunderung: Es gibt kein Publikum mehr.

Aber das war im Sommer, da waren die Leute am Strand, in den Ferien.

Nein, denn die Restaurants waren proppenvoll, die Straßen von Autos verstopft, die Autos voller Männer, Frauen und Kinder. Ich weiß nicht, wo die Leute hingehen, vielleicht auf Safari, schließlich gehen jetzt auch Postbeamte mit ihren Frauen und Kindern auf Safari, aber ins Kino gehen sie nicht. Heute ins Kino zu gehen ist, als ginge man ins Kolosseum, um Gladiatoren zu sehen und Christen, die von Löwen zerfleischt werden. Auch das Kino scheint ein Spektakel zu sein, das vor zweitausend Jahren stattfand. Und das sind nicht nur unsere Eindrücke. Die Zahlen sind alarmierend: Zum Saisonbeginn sind die Zuschauerzahlen um 40 bis 45 Prozent zurückgegangen.

»Heute ins Kino zu gehen ist, als ginge man ins Kolosseum, um Gladiatoren zu sehen und Christen, die von Löwen zerfleischt werden. Auch das Kino scheint ein Spektakel zu sein, das vor zweitausend Jahren stattfand.«

Wenn dem so ist, woran liegt es?

Das weiß ich nicht, das kann ich nicht sagen. Aber man kann nicht umhin, an einen Apparat zu denken, bei dem du auf Knopfdruck vierzig Filme sehen kannst. Fernsehen, Gewalt, die Angst davor, zu denken, sich der Realität zu stellen. Wie bringt man eine Familie noch dazu, das Haus zu verlassen? Der Vater in Unterhose, die Mutter im Unterrock, die Kinder auf dem Sofa oder am Boden hingefläzt, dazu das Fernsehen, das ihnen Filme aller Arten bietet, von der Geburt des Kinos bis heute, und dann das tolle Gefühl, jederzeit einen Knopf drücken zu können und sich so als Herr der Welt zu fühlen.

Bergman hat sie immer eingeschüchtert? Kein Problem,

sie drücken auf den Knopf, und weg ist er, ausradiert. Bei Antonioni sind sie immer so befangen? Sie drücken auf den Knopf und putzen ihn weg. So kann man jede Frustration loswerden, da wird brutalste kollektive Rache gefeiert.

Es ist, als würden sie sagen: »Fellini, für wen hältst du dich? Du bist ein Niemand. Ich kann dich jederzeit vernichten. Ich drücke einen Knopf, und weg bist du.«

Hinzu kommt noch die Gewalt, die auf den Straßen und in den Kinos herrscht, vor allem in den Kinos an der Peripherie: Rowdies, die während der Vorführung feixen und grölen, Pärchen anmachen, in den Saal pissen. In einem Kino an der Peripherie haben Zuschauer das Kino angezündet, weil ihnen der Film nicht gefiel.

Aber gibt es nicht auch andere Gründe als das Fernsehen? Hat nicht auch die Sorte Filme, die seit zehn Jahren in Italien gedreht werden, damit zu tun? Die sogenannte Bilderflut, die auf uns einprasselt?

Natürlich spielt all das mit hinein. Das italienische Kino der letzten Jahre ist verkommen und produziert einerseits Pornos in allen Variationen, andererseits Werke, die auf so absurde und idiotische Weise ideologisch sind, dass sie mit Kino nichts mehr zu tun haben. Kino ist aber etwas anderes.

Was die letzten zehn Jahre in Italien an Banalitäten über das Kino verzapft worden ist, gibt es in keinem anderen Land der Welt: monumentaler Schwachsinn, endlose Zeitungsinterviews mit jedem Deppen, der einen Kurzfilm zustande gebracht hat, und immer wieder peinlichste Kehrtwendungen: Exakt die Leute, die die Goldenen Löwen kritisiert hatten, prügeln sich jetzt darum, einen zu ergattern, machen sich in Venedig für ein Schaubudenkino stark, das sie vor Kurzem noch verabscheut haben.

Am heimtückischsten ist aber das Bombardement, dessen Opfer wir seit zwanzig Jahren sind. Die sogenannte »Kultur des Bildes« ist eine Katastrophe. Das Auge wird attackiert, verdorben, misshandelt. In Werbespots wird alles durch den Fleischwolf gedreht, die ganze Geschichte der darstellenden Künste, jede mögliche Bilderfolge. Von diesem infernalischen Strudel ist das Auge so überfordert worden, dass es gar nicht mehr fähig ist, die Bilder aufzunehmen und zu schätzen, die Cineasten zu bieten haben. Die Bilder des Kinos sind ihrer tiefsten Bedeutung beraubt worden, nämlich ihrer magischen, traumartigen, mysteriösen Bedeutung; verschwunden ist damit ihre geheime Faszination, die von der obskuren Beziehung lebte, die jeder von uns zu seinem Unbewussten hat, zum unbekannten, unergründlichen Teil von sich.

Könnten nicht auch die Eintrittspreise eine Rolle spielen, die in Mailand auf viertausend Lire gestiegen sind?

Die Kinoeintrittspreise sind viel weniger gestiegen als die Preise für andere Arten des Konsums. Wirklich ins Gewicht fällt das Argument, wenn man von einer vier-, fünfköpfigen Familie ausgeht: Sechzehntausend oder zwanzigtausend Lire für die Eintrittskarten, dann das Eis, die Coca-Cola, vielleicht noch eine Pizza nach dem Kino – so kommt man auf siebzig-, achtzigtausend Lire. Aber im Allgemeinen spielt der Eintrittspreis keine große Rolle.

In den USA hat das Fernsehen zunächst das Kino zerstört und es danach gerettet. Glaubst du, dass so etwas auch bei uns passieren könnte? RAI-TV produziert ja bekanntlich auch Filme, und du selbst hast ja *Prova d'orchestra* für RAI-TV gemacht.

Nein, ich habe wenig Vertrauen ins italienische Fernsehen.

In den USA hat das Fernsehen das Kino gerettet, indem es zum Vermittler zwischen der Großindustrie und dem Kino wurde – durch die Werbung. Es nimmt das Geld von den multinationalen Unternehmen und steckt es in die Produktion von Kinofilmen. Doch in Italien gibt es keinerlei Möglichkeit, so etwas zu tun. Kombiniert man die Kräfte von RAI-TV, dem französischen und dem deutschen Fernsehen und kommt so auf anderthalb Milliarden, ist das ein Wunder. Und wenn du in Italien einen Film mit RAI-TV machst, wirst du verrückt. Die Mechanismen sind so kompliziert, die Funktionäre wechseln so fieberhaft schnell, dass du, bevor du einen Film abdrehen kannst, mit zehn, zwanzig ständig wechselnden Personen reden musst. Die Manöver der verschiedenen Parteien sind unglaublich.

»Untergänge haben mich immer fasziniert. Nach einem Untergang kann man neu anfangen.«

So ganz stimmt es nicht, dass das Publikum verschwunden ist: Amerikanische Filme machen Kasse. Der *Star-Wars*-Film *The Empire Strikes Back* (dt. *Das Imperium schlägt zurück*, 1979) hat in Mailand um die hundert Millionen eingespielt.

Klar, manche Filme überleben. Aber der Erfolg von *The Empire Strikes Back* hat nichts mit Kino zu tun, sondern mit einem visuellen Delirium, ähnlich dem akustischen Delirium, das elektrische Gitarren auslösen. Gemeint ist ein psychedelisches Delirium, eine Betäubung, die Denken verunmöglicht und die Menschen zu einzig auf Sinnesreize reagierenden, animalischen Mechanismen macht, die mit Kopfhörern unterwegs sind, aus denen mörderische Rhythmen auf sie einhämmern. Wir haben keine Zeit mehr zum Denken. Es ist ein kollektives Delirium. *The Empire Strikes Back* habe ich nicht gesehen, aber *Star Wars* (dt. *Krieg der Sterne*, 1977). Ich weiß nicht, was das war, wirklich nicht.

Mit anderen Worten: Wir steuern auf eine Katastrophe zu.

Noch einmal: Untergänge haben mich immer fasziniert. Nach einem Untergang kann man neu anfangen. Dadurch, dass alle Gewissheiten ins Wanken geraten, fühle ich mich jung. Das Ende einer Sache und die Geburt einer anderen wirken berauschend. Aber ich finde es übertrieben, wenn wir so viel über das Kino reden, ihm so viel Bedeutung beimessen. Das Kino ist nicht alles, es ist nur eines von vielen Dingen. Die Krise, das Beben ist allumfassend.

Und sowieso: Wozu gibt es so viele Kinosäle? Warum hundertvier Säle? Gibt es so viele Filme zu sehen? Meiner Meinung nach wäre es viel besser für das Kino, wenn es nur zehn Säle gäbe und diese nicht alle offen wären oder jedenfalls nicht alle die ganze Woche. Zehn Säle, in denen echte Filme gezeigt werden, die von authentischen Cineasten geschaffen worden sind. Oder vielleicht wäre es noch besser, wenn nur vier, fünf Säle offen blieben, in denen Filme von früher gezeigt würden, vielleicht in Anwesenheit des uralten Autors, mumifiziert und im Rollstuhl, als Simulacrum für die Besucher des Kinomuseums.

Falls deine Diagnose begründet ist, folgt daraus, dass es immer schwieriger wird, heute noch einen Film zu drehen, oder?

Heute einen Film zu drehen ist, als stiege man in ein Flugzeug, ohne zu wissen, wo, wann und wie es landen wird. Da die Reise keinen Zweck, keine Route und kein Ziel mehr hat, kann man nur noch die Reise selbst beschreiben.

Ist das deine Absicht mit *E la nave va*, dem Film, den du in der Cinecittà vorbereitest?

Als Staatspräsident Pertini vor zwei Monaten in der Cinecittà zu Besuch war, empfingen ihn Franco Zeffirelli und Sergio Leone in prunkvollen, pompösen Räumen. Ich hingegen musste mich damit begnügen, ihn draußen zu begrüßen, wie ein Arbeitsloser, der die Zeit damit totschlägt, zu tun, als gieße er die Rabatten.

Möchtest du wissen, warum ich das Studio gewechselt habe? Ich habe es nicht gewechselt, weil das Studio 5 von Zeffirelli für *La Traviata* (1983) besetzt war, sondern lange vorher, im Oktober/November 1979. Vom Studio 5 wechselte ich ins Studio 4. Das war meine Entscheidung, meine freie, vollkommen freie Entscheidung. Ich wollte etwas Neues machen, etwas Verblüffendes, eine Wendung in meiner Laufbahn signalisieren. Es kam dabei aber nur eines heraus: Während ich im Studio 5 bessere und schlechtere Filme drehte, brachte ich im Studio 4 nichts zustande. Ja, das ganze Team wurde entlassen.

Dass du nichts zustande gebracht hast, lag das an den üblichen finanziellen Problemen?

Nein, nicht daran. Ich hatte so viele Produzenten, dass ich nicht mehr wusste, mit wem ich reden sollte; außerdem kamen viele von ihnen aus dem Orient und sprachen mir unbekannte Sprachen. Es war wie beim Turmbau zu Babel. Aber nichts zustande brachte ich ganz einfach, weil mir der letzte Produzent nicht gefiel. Es war ein Armenier namens Golan.[22] Er aß die Spaghetti einzeln, als wären sie Luftschlangen. Wäre nicht das schon Grund genug gewesen, ihn nicht mehr sehen zu wollen? Aber da war noch mehr. Eines Tages sagte er mir: »Mister Fellini, ich habe lange und gründlich über das Wesen des Kinos, das Medium Film und das spezifisch Filmische nachgedacht. Und ich bin zu dem Schluss gekommen, dass es für einen Film keinen Regisseur braucht.« Ich weiß nicht, ob er das gesagt hat, um mich dazu zu bringen, meine Gage zu reduzieren, oder weil er das wirklich geglaubt hat; ich habe ihm jedenfalls einen Termin mit meinem Anwalt zur Vertragsunterzeichnung gegeben, mich aber gehütet, dorthin zu gehen. Wieso sollte ich hingehen, wenn es keinen Regisseur mehr brauchte?

Aber warum bist du dann von Studio 4 ins Studio 1 gewechselt?

Da der Film geplatzt und das Team entlassen worden war, warum hätte ich in diesem Studio bleiben sollen? Ich glaube nicht, dass es eine Wende in meiner Laufbahn bedeutet hätte, wenn ich dort geblieben wäre.

Wird der Film jetzt, da er nun ja wirklich zustande kommt, eine Wende in deiner Laufbahn bedeuten?

Das hoffe ich, wenn die Reeder mich endlich in Ruhe lassen. Ich werde von Reedern aus allen Winkeln des Orients und Okzidents verfolgt, ich bin in alle Häfen der Welt eingeladen worden, vom Hafen von Hongkong bis zum Hafen

22 Menahem Golan wurde im palästinensischen Tiberias geboren, das heute zu Israel gehört.

von San Francisco. Alle wollen, dass ich eines ihrer Schiffe verwende. Vor einer Woche habe ich ein Schiff im Hafen von Genua angeschaut. Der Reeder sagte: »Nehmen Sie das, Signor Fellini, da gibt es alles, samt Kapelle, Taufbecken und Pfarrer. Sollte während der Dreharbeiten eine Schauspielerin ein Kind zur Welt bringen, könnten Sie es gleich hier taufen lassen.« Er schaute mich an, als wäre ich der Minister für die Handelsmarine. Ich war seekrank, obschon das Meer ruhig war. Ich fragte ihn: »Wie lang würde es dauern, bis das Schiff in See stechen könnte?«

Er antwortete: »Zwölf bis vierzehn Monate.«

Das wäre länger gewesen, als ich für die Dreharbeiten einplane.

Auf welchem Meer wirst du drehen?

Vor Sardinien oder Sizilien, aber ich weiß noch nicht, wie das gehen soll. Ich werde seekrank, auch bei ruhigem Meer leide ich an Ängsten, Übelkeit, Schwindel. Für *Satyricon* habe ich von einem Helikopter aus Regie geführt, als wäre es ein James-Bond-Film.

Was hast du denn die ganze Zeit von 1979 bis heute getan?

Ich habe mich an Straßenecken gestellt, um zu sehen, wie die Welt und das Kino sich verändern. Wenn du dich an eine Straßenecke stellst, begegnest du allen: dem Penner, dem Dieb, dem Propheten, dem Mörder, dem Mystiker, dem Endzeitprediger, dem Pleitier, dem Selbstmörder. Das ist die einzige Möglichkeit, um zu verstehen, wie sich die Welt verändert, in welche Richtung sich die Dinge entwickeln.

Als ich also an den Straßenecken stand, begriff ich, dass das Kino sich veränderte, nicht mehr so wie früher war, nichts mehr mit dem zu tun hatte, was wir früher gemacht hatten, während ich ringsum die Trommeln der Invasoren hörte, der Attilas, der Dschingis Khans, des Kriegs der Sterne, der elektronischen Regisseure, die möglichst viel schießen und möglichst wenig verlangen. Um den vom Fernsehen geschaffenen Zuschauer zu befriedigen, muss ein Film möglichst großen Lärm machen. Sobald es geknallt hat, existiert er nicht mehr, wie ein Feuerwerkskörper.

Aber solltest du nicht einen weiteren Film fürs Fernsehen drehen?

Mit dem Fernsehen zu arbeiten ist im Grunde unmöglich. Man bringt mehr zustande, wenn man sich an eine Straßenecke stellt, als wenn man ins Büro eines Fernsehproduzenten geht.

Und die finanziellen Schwierigkeiten hast du tatsächlich überwunden?

Von mir werden Wunder erwartet: Für einen Film von mir muss das Kapital von selbst auftauchen, sich im Moment seines Auftauchens spiegelbildlich verdoppeln und auf magische Weise auch noch Gewinn bringen. Das ist ein alchimistischer Prozess, der nicht einmal den größten Zauberern der Welt gelingt. Und trotzdem habe ich so viele Produzenten, dass deren Aufzählung im Vorspann zwei Stunden dauern würde.

Der Film wird also eine Woche dauern.

Ungefähr. Immerhin steht der Titel schon in allen Sprachen. Auf Englisch: *And the Ship Sails On*. Auf Französisch: *Vogue le navire* oder im Argot: *Vogue la galère*. Den deutschen Titel habe ich mir noch nicht eingeprägt, und

Experten für Vergleichende Semiotik arbeiten an der Übersetzung ins Chinesische.

Wovon handelt der Film?

Jetzt kennen wir uns schon so lang, und noch immer stellst du mir derart unbedarfte Fragen? Willst du mich dazu zwingen, dir irgendwelche Lügen aufzutischen? Ich kann dir immerhin sagen, dass ich in den nächsten Tagen entscheiden werde, wer der Hauptdarsteller sein wird. Es gibt zwei, drei Lösungen, internationale und einheimische, sozusagen. Was die internationale betrifft, so schwanke ich zwischen Michel Serrault und Jack Lemmon. Was die einheimische betrifft, zwischen Paolo Villaggio, Ugo Tognazzi und Graziano Giusti, einem Theaterschauspieler, der mir das passende Gesicht zu haben scheint. Aber von den Italienern wäre wohl Paolo Villaggio am anregendsten. Das Drehbuch haben ich und Tonino Guerra vor drei Jahren verfasst. Wir haben es in den Sommerferien schnell rausgehauen, um den Vorschuss zu kassieren, da wir sicher waren, dass wir die zweite Hälfte nie erhalten würden. Der Film wird sechs Millionen Dollar kosten. Ich kann dir auch sagen, dass ich mich bestens in Form fühle. Einen Film zu drehen, beschützt mich gegen jegliches Übel. Sowie ich in die Regisseursuniform schlüpfe, um das einmal so zu nennen, bin ich gerettet. Einmal kam ich mit tierisch hohem Fieber am Set an, doch sobald ich durch das Objektiv schaute, war das Fieber verschwunden. Wenn du drehst, wirst du wieder zu dir selbst, also zu dem Regisseur, der du bist, alterslos, außerhalb der Zeit, ohne Gebrechen, unverwundbar.

Selbst deine Haare wachsen wieder?

Das ist das einzige Wunder, das die Regisseursuniform nicht zustande bringt.

»Wenn du drehst, wirst du wieder zu dir selbst, also zu dem Regisseur, der du bist, alterslos, außerhalb der Zeit, ohne Gebrechen, unverwundbar.«

Und was ist mit dem Studio 5?

Wo sich Kirchen erhoben, eröffnen jetzt Bordelle.

***

***E la nave va* ist abgeschlossen. Der Film ist in den Kinos, aber das Publikum ist verwirrt. Kannst du erklären, woran das liegt?**

Ich wünschte mir, man könnte bei den Kinoeingängen Plakate aufstellen, auf denen steht: »Hier gibt es nichts anderes als das, was Sie sehen.« Oder: »Geben Sie sich keine Mühe zu sehen, was dahintersteckt, sonst entgeht Ihnen das, was Sie vor sich haben.« *E la nave va* ist ein Film, der zu allen möglichen Fragen reizt und Anlass gibt. Ist das Jahr 1983 wie das Jahr 1914? Stehen wir kurz vor einer neuen Katastrophe? Woher kommt der Panzerkreuzer, der auf die Gloria N. schießt? Was hat das Nashorn zu bedeuten? Zu Beginn des Films erweist der Regisseur Chaplin seine Reverenz, dann aber zieht er sich in ein Filmstudio zurück:

Ist er also aus sich herausgegangen, um sich mit der gesellschaftlichen Realität auseinanderzusetzen, oder ist er zurückgekehrt, um sich in sich selbst zu versenken? Und so weiter, und so fort.

Um all diese Fragen zu beantworten, müsste ich geistreich sein, aber ich kann nicht immer geistreich sein, das ist schwierig, das schaff ich nicht. Im Film wird einfach von einer Schiffsreise erzählt, in deren Verlauf die Asche einer berühmten Sängerin verstreut werden soll. Manche Freunde haben mir gesagt, es sei ein furchterregender Film, er habe etwas Düsteres, Bedrohliches. Ich hingegen glaube, er hat etwas im Grunde Fröhliches.

Mag sein, aber deine Stimmung erinnert sehr an diejenige zur Zeit von *Prova d'orchestra.*

Ich glaube nicht, dass ich aus dieser Stimmung je herausgekommen bin. Was hat es denn Neues gegeben zwischen 1979 und heute? Ich habe nicht den Eindruck, es habe sich etwas getan, das neue, weniger alarmierende oder weniger katastrophale Perspektiven eröffnet hätte. Ein Film ist immer das Ergebnis einer Reihe von Zufällen, erkennbaren und obskuren. Wenn er in einem Land wie Italien lebt, wird selbst der abgeklärteste Regisseur nicht umhin können, etwas aufzunehmen vom tragischen Gefühl der Unsicherheit, das auf allen lastet und sie bedroht, bleibt auch er nicht verschont von den Ängsten, Erschütterungen, Verwirrungen, Verstörungen, die in der Luft sind. Ob er es will oder nicht: All dies schlägt sich nieder in dem, was er macht, in seinen Filmen.

Ist dein Gefühl, wir stünden kurz vor einer Katastrophe, immer noch so heftig, bist du immer noch so pessimistisch?

Bei Fragen, die darauf abzielen, mich als Autor mit einzubeziehen, wird mir immer äußerst unbehaglich. In *E la nave va* habe ich mehr oder weniger ehrlich, mehr oder weniger künstlich – denn ein Film ist immer etwas Künstliches, Konstruiertes, Ausgedachtes – die Verwirrung ausgedrückt, die uns ergriffen hat. Die Angst vor dem Schlimmsten ist ein Gemütszustand und eine Ahnung, mit der wir schon lange leben und die wir wohl nicht abzuschütteln vermögen. Man muss nur eine Zeitung aufschlagen, um sich darüber klar zu werden. Vor ein paar Tagen berichteten die Zeitungen auf der ersten Seite, eine Atombombe auf Moskau würde fünfzig bis hundert Millionen Todesopfer fordern. Was für eine verantwortungslose Art der Berichterstattung! Fünfzig Millionen mehr oder weniger, als ginge es nicht um Menschen, die auf dieser Erde leben, sondern um Gegenstände oder Bewohner eines unbekannten, unwahrscheinlichen Planeten. All das ist zutiefst erschreckend. Wir leben in einer außer Rand und Band geratenen Unwirklichkeit, einer monströsen Welt, der die Wirklichkeit komplett abhandengekommen ist.

»Wir leben in einer außer Rand und Band geratenen Unwirklichkeit, einer monströsen Welt, der die Wirklichkeit komplett abhandengekommen ist.«

Monströs wie das Nashorn auf der Gloria N., welches an das Monstrum am Schluss von *La dolce vita* erinnert oder an die riesige Eisenkugel, die in *Prova d'orchestra* ganze Gebäude zum Einsturz bringt?

Meiner Meinung nach hat das Nashorn auf der Gloria N. nichts zu tun mit dem gestrandeten Ungeheuer am Schluss von *La dolce vita.* Ein Symbol ist insofern ein Symbol, als es sich nicht erklären lässt, über Konzepte und Vernunft hinausweist und irrationale und mythische Elemente birgt. Warum will man mich dazu zwingen, es zu erklären?

Aber wenn das Nashorn auf dem Schiff etwas zu bedeuten hat, dann etwas völlig anderes. Das Ungeheuer am Schluss von *La dolce vita* spiegelte die Verkommenheit der Hauptfigur wider; das Nashorn von *E la nave va* hingegen ließe sich eher so interpretieren: Die einzige Möglichkeit, der Katastrophe zu entgehen, wäre der Versuch, den unbewussten, tiefen, gesunden Teil von uns wiederzufinden. So ließe sich auch der Satz der Hauptfigur über die Nahrhaftigkeit von Nashornmilch erklären. Aber solche Erklärungen haben immer etwas Unbeholfenes, so unbeholfen wie der Vergleich des Nashorns mit dem Ungeheuer aus *La dolce vita.* Eine Phantasie, sofern sie authentisch ist, enthält alles und braucht keine Erläuterungen. Ich könnte auch nicht sagen, auf welchen Wegen mir dieses Nashorn in den Sinn gekommen ist. Nashörner gehören zu den faszinierendsten Geschöpfen, zeugen von den frühesten Lebensformen. Ein Nashorn steht für etwas Ungewöhnliches, Verborgenes, Geheimnisvolles, Urtümliches.

Salvador Dalí sagt, das Horn des Nashorns und damit auch des Einhorns sei ein Symbol der Keuschheit. Hast du dich zur Keuschheit bekehrt?

Noch nicht, auch wenn ich mittlerweile vierundsechzig bin. Als eine Art Abwehr, aus Angst davor, sechzig zu werden, sagte ich mit fünfundfünfzig, ich sei achtundfünfzig oder neunundfünfzig. Dank dieser zusätzlichen Jahre denke ich jetzt, ich sei erst sechzig oder einundsechzig. Das Alter ist ein mentales Problem. Es kommt darauf an, wie man sich fühlt. Und ich habe das Gefühl, mich noch nicht sonderlich verändert zu haben.

*»Das Alter ist ein mentales Problem.
Es kommt darauf an, wie man sich fühlt.
Und ich habe das Gefühl, mich noch nicht
sonderlich verändert zu haben.«*

Deine Filme sind unserem Selbstvertrauen nicht gerade förderlich. In *E la nave va* sagt der österreichisch-ungarische Premierminister wieder einmal, den Italienern könne man nicht trauen.

Das muss er sagen, denn er bangt um das Leben des Großherzogs. Er ist wütend auf den Kapitän des Schiffs, weil dieser die serbischen Flüchtlinge aufgenommen hat. Und tatsächlich wird ja dann auch ein serbischer Terrorist eine Bombe schmeißen.

Kein Happy End.

Dem Ende zum Trotz scheint mir *E la nave va* ein fröhlicher Film zu sein, so sehr, dass er mir Lust gemacht hat, gleich noch einen zu drehen, mich auf eine weitere Reise einzulassen, wenn auch nicht auf *Die Reise des G. Mastorna*.

GINGER E FRED, INTERVISTA, LA VOCE DELLA LUNA 1985–1990

Stimmt es, dass die wenigen schon fertigen Kopien von *Ginger e Fred* (dt. *Ginger und Fred*, 1985) in gepanzerten Räumen gelagert werden, beschützt von Sicherheitsleuten in kugelsicheren Westen, als handle es sich um das Grabtuch Jesu?

Die Piraten liegen auf der Lauer. Raubkopien von *La città delle donne* und *E la nave va* waren schon im Umlauf, bevor die Filme überhaupt in die Kinos gekommen waren. Ich kann *Ginger e Fred* noch nicht einmal meinem besten Freund zeigen, auch wenn es mich trösten würde in diesem Interregnum zwischen dem Abschluss eines Films und seinem Kinostart. Eigentlich sollten zurzeit einzig die Techniker mit dem Film zu tun haben, doch dem ist nicht so. Alle wenden sich an mich, obschon ich damit nichts zu tun haben sollte. Sie piesacken mich unablässig. Am Schluss werde ich derjenige sein, der im Kassenhäuschen sitzt und Eintrittskarten verkauft.

Es heißt, auch diesmal würdest du die Mächtigen privilegieren, wie damals schon bei *Prova d'orchestra*.

Als ich in Venedig mit dem Goldenen Löwen für mein Lebenswerk ausgezeichnet wurde, versprach ich Staatspräsident Cossiga eine Vorführung von *Ginger e Fred*. Wer eingeladen wurde, entschied man auf dem Quirinal. Ich habe nur die Namen von zwei befreundeten Schriftstellern vorgeschlagen, Pietro Citati und Giorgio Manganelli, von denen dann nur Ersterer gekommen ist. Davor hatte niemand den Film gesehen, außer den Funktionären von RAI-TV und den Filmvorführern, die während der Vorführungen in der Regel so laut über Roma oder Juventus diskutieren, dass sie die Tonspur übertönen.

Tatsache ist, dass die erste Besprechung von *Ginger e Fred* nicht von einem Filmkritiker stammte, sondern von dem Politiker Giulio Andreotti, der in der Vergangenheit das italienische Kino schlechtgemacht hatte.

Der Chefredakteur des *Corriere della Sera*, Piero Ostellino, rief Andreotti am Abend nach der Vorführung an und bat ihn, seine Eindrücke festzuhalten. Das war mir natürlich sehr peinlich. Aber Andreotti hat seine Sache gut gemacht: Er sprach über den Film, ohne der Filmkritik ins Handwerk zu pfuschen.

Doch wie kommt es, dass der Film in den USA, in Frankreich und Deutschland früher gezeigt wird als in Italien?

Das hat einen sehr einfachen oder vielmehr sehr komplizierten Grund. Das ist kein Akt der Unfreundlichkeit gegenüber meinem eigenen Land. *Ginger e Fred* wurde ein bisschen von allen produziert, er ist die Frucht einer internationalen, um nicht zu sagen planetaren Gemeinschaftsproduktion. Er wurde finanziert von Alberto Grimaldi, der seit einigen Jahren in den USA lebt, von Franzosen, Deutschen, Türken, von staatlichen, parastaatlichen, metastaatlichen, überstaatlichen, öffentlichen, halböffentlichen, privaten und aus dem engsten Freundeskreis stammenden Unternehmen.

Ich kann nicht mehr sagen, als dass ich froh bin, ihn gemacht zu haben. Es ist ein Film über unser heutiges Leben, falls das nicht zu anmaßend klingt. Ein Film über das Fernsehen oder vielmehr aus dem Inneren des Fernsehens. Ein Film, in dem es eine Liebesgeschichte gibt, was für meine Art von Filmen ungewöhnlich ist. Es hat mir Spaß gemacht, ihn zu drehen, und ich wünsche mir, dass er auch anderen Spaß machen wird. Ich habe dem Film alle Tricks der Verführung beigebracht und hoffe, er wird sie zu nutzen wissen.

Es ist ziemlich schwierig, die Jungen von heute zu verführen. Das hast du selbst bei anderer Gelegenheit gesagt. Sie lassen sich von ganz anderen Filmen verführen.

Ich habe nicht die Jungen angepeilt, jedenfalls nicht nur. Kinobetreiber reden nur vom jungen Publikumssegment. Sie fragen: »Hat Fellini auch an das junge Publikumssegment gedacht?« Doch was soll das?

Menschen, deren Berufung es ist, Geschichten zu erzählen, sich auszudrücken, wissen instinktiv, dass sich auszudrücken gleichbedeutend mit kommunizieren ist. Doch sie denken dabei nicht an unterschiedliche gesellschaftliche Kategorien, stellen sich den Kinosaal nicht nach Berufsgattungen aufgeteilt vor: zuvorderst die Gymnasiasten, dann die Briefmarkensammler, die Hausfrauen, die Sampdoria-Genua-Fans, zuhinterst die Postangestellten und die Models, und so weiter, und so weiter. Ich kann immer nur staunen über die Leute, die behaupten zu wissen, was das Publikum, was das junge Publikumssegment will.

Warum hast du nach zwanzig Jahren das Bedürfnis verspürt, wieder einmal Giulietta in einem deiner Filme zu haben?

Ginger e Fred ist eine kleine Geschichte, die ich für sie geschrieben hatte. Sie war eine von sechs Geschichten über Frauen, die sechs Regisseure drehen sollten: ich, Antonioni, Zeffirelli, Dino Risi, Francesco Rosi und Luigi Magni. Doch dann gab es Schwierigkeiten, und das Projekt platzte. So kam ich auf die Idee, die Geschichte, die ich hätte drehen sollen, auszubauen, und habe daraus diesen Film gemacht. Es gab da eine Fülle von Situationen, die sich ausbauen ließen. Als eigenständiger Film hat er jetzt einen überzeugenderen Rhythmus.

Du greifst das Fernsehen an und benutzt es gleichzeitig.

Das Fernsehen ist nicht sonderlich großzügig gegenüber jenen, die wie ich auf seinen Hang zu geistigem Diebstahl hinweisen und darauf, wie verhängnisvoll es sich auf das Publikum auswirkt.

Aber es hat *Ginger e Fred* finanziert, das heißt einen Film, der ein frontaler und wütender Angriff aufs Fernsehen ist, insbesondere auf die Fernsehspots, die deiner Meinung nach Filme zerstückeln und zerstören.

Den Vertrag mit dem Fernsehen für die Finanzierung von *Ginger e Fred* habe nicht ich abgeschlossen, sondern der Produzent des Films, Alberto Grimaldi. Ich habe keinerlei direkten Kontakt mit den Fernsehmanagern gehabt. Auch im Fall von *E la nave va* waren es Franco Cristaldi und die Produktionsfirma Gaumont, welche den Vertrag mit dem Fernsehen abgeschlossen haben.

In *Intervista* (dt. *Fellinis Intervista*, 1987) zeigst du die Cinecittà als Fort, das von Indianern belagert wird, die allerdings nicht mit Lanzen, sondern Fernsehantennen

bewaffnet sind. Andererseits hast auch du selbst Werbespots gedreht. Alle Zeitungen haben über die Spots berichtet, die du für Campari und Barilla gedreht hast.

Der finanzielle Beitrag des Fernsehens deckt nur einen winzigen Teil der Kosten meiner Filme, andererseits werden diese nachher auch vom Fernsehen ausgewertet. Was nun die Werbespots für Campari und Barilla betrifft, so verleugne ich diese keineswegs, im Gegenteil. Ich habe sie auch deshalb gemacht, um zu zeigen, dass die neuen technischen Mittel von Film und Fernsehen unnötig sind, um wirkungsvolle Werbung zu machen. Es hat mir Spaß gemacht, sie zu drehen.

Das war eine Erfahrung, die ich nur empfehlen kann. In einer Minute oder einer halben Minute eine Geschichte zu erzählen, während der das Produkt verborgen bleibt, und so unterschwellig eine Botschaft zu vermitteln, ist gar nicht so einfach. Und es ist Kino. Ich würde das jederzeit wieder tun, auch weil die Gage großzügig ist. Dennoch bin ich nicht wieder angefragt worden. Vielleicht fürchtet man, ich könnte Anstoß daran nehmen, oder es liegt daran, dass es damals über direkte Kontakte zu Campari und Barilla lief und dies den Werbeagenturen nicht gefällt.

So oder so bestehe ich darauf: Werbespots zerstören die Filme, die Werbung ist eine neue Form der Katastrophe, so wie die Lava, die Pompeji zerstört hat, und vielleicht sogar noch gefährlicher als selbst die Atombombe. Werbung zerstört die geistige Integrität eines Menschen, was übrigens auch für das neue Kino aus Übersee zutrifft.

Besonders loyal ist das wirklich nicht: Das Fernsehen bezahlt dich oder finanziert deine Filme, und du machst es nieder, ganz ähnlich wie Goya mit der Familie von Philipp IV. und dessen Familie umgesprungen ist.

So ist es nicht. Wenn das Fernsehen meine Filme finanziert oder zu deren Finanzierung beiträgt, dann tut es dies im Bestreben, sein Seelenheil zu retten: Es möchte zeigen, wie intelligent, frei und tolerant es ist.

»Wenn das Fernsehen meine Filme finanziert oder zu deren Finanzierung beiträgt, dann tut es dies im Bestreben, sein Seelenheil zu retten: Es möchte zeigen, wie intelligent, frei und tolerant es ist.«

Deinerseits zeigst du aber wenig Toleranz.

Stimmt. Im Hotel, in dem *Ginger e Fred* zum Teil spielt, wimmelt es von Fernsehgeräten, die ständig hinter den Figuren lauern. Der Film ist gerammelt voll mit Fernsehern, die einen bombardieren mit Werbespots, Seminaren, Talkshows, Geschwafel über Geschwafel, bis zur kompletten Betäubung und Verblödung.

Auf dem Höhepunkt des Films, als Ginger und Fred gerade auf die Bühne treten wollen, um ihre Nummer aufzuführen, explodieren die Werbespots. Das Faszinierendste und Erschreckendste am Fernsehen ist für mich die Unerbittlichkeit, mit der es ein menschliches Gesicht beobachten und Millionen und Abermillionen Zuschauer an diesem beunruhigenden und brutalen Vorgang teilhaben lassen kann. Das Fernsehen fixiert, belauert und durchdringt ein Gesicht auf schamlose, zynische, sadistische, grausame Weise. Das bringt kein anderes Medium fertig, weder das Kino noch das Theater noch die Fotografie. Höchstens ein großer Schriftsteller könnte das, aber indirekt, durch literarische Vermittlung. Das Fernsehen dringt so unerbittlich in ein Gesicht ein wie eine Sonde, wie ein Röntgenstrahl, wie ein Laser. Wenn ich fernsehe, dann wegen dieser erschreckenden Macht.

Tatsächlich hat das Fernsehen dir eine Art »Lizenz zu töten« verliehen, von der du in *Ginger e Fred* und in *Intervista* voll Wut, Verachtung und Zorn üppigen Gebrauch machst. Aber bist du zufrieden mit *Ginger e Fred*? Wo würdest du ihn in deiner Filmographie einordnen? Überhaupt: Von all den Filmen, die du bisher gedreht hast, welche magst du am liebsten?

Das zu sagen fällt mir schwer, nicht zuletzt weil ich meine Filme praktisch nie wiedersehe. Jeder Film entspricht einem ganz bestimmten Moment, objektiv wie subjektiv. Persönlich, jenseits der Zustimmung, die sie erhalten haben, und im Versuch, leidenschaftlich und distanziert zugleich zu sein, würde ich auf Platz eins *Otto e mezzo* setzen, dann kämen *La dolce vita*, *Amarcord* und *Ginger e Fred*. *Ginger e Fred* entspricht dem, wie ich heute bin.

Ist in dieser Art von Schwebe, in der du dich nach Abschluss eines Films und vor Beginn eines neuen befindest, schon irgendeine zündende Idee aufgeblitzt?

Gezündet hat noch keine. Mir würde alles Spaß machen, was auch immer. Ich wünschte, man würde mir Projekte vorschlagen, auch solche, die mir fernliegen. Die Lust, überhaupt etwas zu machen, ist entscheidend. Arbeit um ihrer selbst willen. Wichtig ist weniger, was herauskommt, als dass man etwas anfängt. Wie ich früher schon gesagt habe: Einen Film zu drehen ist wie eine Reise zu unternehmen, aber bei einer Reise interessiert mich die Abfahrt, nicht die Ankunft. Mein Traum ist, eine Reise zu unternehmen, ohne zu wissen wohin, vielleicht sogar ohne irgendwo anzukommen, aber es gelingt mir nicht, Banken oder Produzenten von einer solchen Idee zu überzeugen.

Wenn ich nichts zu tun habe zwischen einem Film und dem nächsten, treffe ich – aus einer Mischung aus Neugier und dem abergläubischen Wunsch, Unheil abzuwenden – all die Leute, die behaupten, ein Projekt von mir realisieren zu wollen, die merkwürdigsten Leute. Meist treffen wir uns im Grandhotel oder im Excelsior. Sie tragen ausnahmslos weiße Leinenanzüge, auch an Weihnachten, auch wenn es schneit, auch in einem Wirbelsturm. Sie schlagen mir vor, meinen nächsten Film doch auf den Azoren oder auf dem Archipel von Samoa spielen zu lassen, weil das ausgesprochen fellineske Orte seien und es nichts Besseres gebe.

Du reitest darauf herum, dass das Kino in der Krise sei, dass das Fernsehen es zerstöre, doch deine Filme haben weiterhin Erfolg: *Intervista* wurde auf allen großen Festivals von Cannes über Moskau und Locarno bis Montreal gefeiert.

In Cannes habe ich – von Beifallsstürmen umtost und im Bestreben, dem Publikum etwas zu bieten – versucht, zu levitieren, in den Himmel aufzufahren. Aber Spaß beiseite, das war ein bewegender Abend: Ich stellte fest, dass der Film einen Gehalt hatte, dessen ich mir nicht bewusst gewesen war.

Ist dir die Himmelfahrt dann in Moskau gelungen, hast du dich wie eine Chagall-Figur in die Kuppeln des Kreml aufgeschwungen?

In Moskau war ich nur bei der Preisverleihung dabei. Es herrschte genau die gleiche Stimmung wie damals, fünfundzwanzig Jahre früher, als ich mit *Otto e mezzo* dort gewesen war. Ich kam in meiner kleinen Rede darauf zu sprechen. Damals gab es Chruschtschow und das Tauwetter, jetzt gibt es Gorbatschow und Glasnost. Chruschtschow hatte damals mit Kennedy zu tun, Gorbatschow jetzt mit Reagan, aber die Probleme sind gleich geblieben: Zwei Supermächte versuchen, die Unterschiede, die sie trennen, zu überwinden, und ein Regisseur macht immer den gleichen Film. Ein Regisseur, der damals nicht wusste, was für einen Film er machen sollte, und sich deshalb Sorgen machte, und der heute nicht weiß, was für einen Film er machen soll, und dem das egal ist. Was für ein Zufall.

Was hattest du vom Kreml für einen Eindruck?

Das ist etwas Unvorstellbares. Wir traten in den prunkvollen Zarensaal, als führten wir eine Ehe zu dritt: rechts der Kulturminister, ich links und in der Mitte Giulietta. Das Weiß der Stuckatur, das Blinken der Edelsteine und ganz hinten eine riesige Fensterfront, durch die man den Roten Platz im Licht der untergehenden Sonne an einem türkis-rosanen Himmel sah. Ein geheimnisvolles unsichtbares Orchester, das sich wie eine Orgel anhörte, spielte Melodien aus meinen Filmen. Eine Vision, eine Sinnestäuschung, eine Halluzination. Eine unvergleichliche Pracht. Anders als der Oscar, anders als Hollywood!

Hast du dabei Gorbatschow kennengelernt?

Ja, aber nicht wirklich. Der Kulturminister hat ihn mir vorgestellt, eine flüchtige Begegnung, doch sie genügte, um die Sympathie, die ich ohnehin für ihn hegte, noch zu verstärken.

Gorbatschow hat den Lauf der Geschichte vollkommen verändert. Der Zusammenbruch des sowjetischen Imperiums ist das wichtigste Ereignis der zweiten Hälfte des 20. Jahrhunderts, wichtiger als die Raumfahrt und die Mondlandung. Auch wenn er unterdessen von der Bühne verschwunden ist, wird Gorbatschow als der Mann in Erinnerung bleiben, der die Russen aus einem siebzig Jahre währenden Schweigen, einem endlos scheinenden Albtraum gerettet hat.

Hast du auch zu levitieren versucht angesichts dessen, wie *Intervista* in Italien vom Publikum und der Kritik aufgenommen wurde?

Was mich am meisten freut, ist die Sympathie, mit welcher er aufgenommen wird, um nicht zu sagen: die Solidarität. Ich hatte befürchtet, er würde mit dem Fernrohr betrachtet werden, stattdessen betrachtet man ihn von Nahem, mit Wärme, als einen besonderen, ungewöhnlichen, familiären Film, eine Art öffentliche Beichte unter Freunden, wenn nicht gar eine kollektive psychoanalytische Sitzung. Entstanden ist er gleichsam durch Parthenogenese, aus sich selbst heraus, als Frucht eines dem Kino gewidmeten Lebens. Ich glaube, das Publikum lässt sich ein auf dieses Gefühl des »Warten wir ab, bis das Gewitter vorbei ist und wir weiterarbeiten können«. Weil es ein Film über das Kino ist, wird er auf Festivals natürlich anders aufgenommen als in gewöhnlichen Kinos. Das ist ein bisschen wie der Unterschied zwischen einer Messe, die im Petersdom gefeiert wird, und einer Messe in einer großen oder kleinen Kirche sonstwo in der Stadt.

Findest du nicht, du bist der Ekberg gegenüber etwas grausam gewesen?

Ich werde nicht müde, mich bei der Ekberg zu bedanken und

vor allem sie zu bewundern. Sie ist witzig, weise und bescheiden. Die Liebenswürdigkeit und Bereitwilligkeit, mit der sie sich darauf eingelassen hat, in *Intervista* aufzutreten im Kontrast zu ihrer umwerfenden Szene in *La dolce vita*, hat mich zutiefst bewegt. Marcello und ich hatten sie zu diesem Zweck in ihrem Haus in den Castelli Romani besucht, wo sie wie eine ländliche Gottheit lebt, abgeklärt, ruhig, unerschütterlich, ohne sich vom Lauf der Jahre im Geringsten beunruhigen zu lassen. Wir riefen ihr die Erfahrung von *La dolce vita* in Erinnerung. Vielleicht bin ich ihr gegenüber dabei etwas grausam gewesen, aber Absicht war das keineswegs.

»Ich werde nicht müde, mich bei der Ekberg zu bedanken und vor allem sie zu bewundern. Sie ist witzig, weise und bescheiden.«

Jemand hat gesagt, dass du zwar ein großer Regisseur seist, aber kein großer Schauspieler.

Das habe ich auch nie behauptet, ich habe mich nie als italienischen Laurence Olivier gesehen. Ich habe eher zufällig irgendwelche Rollen gespielt, sei es in Rossellinis *Il miracolo*, in Paul Mazurskys *Alex in Wonderland* und jetzt eben in *Intervista*.

Warum hast du in *Intervista* die Erleuchtung nicht eingebaut, die du gehabt hast, als du in die Cinecittà gegangen bist, um Osvaldo Valenti zu interviewen, einen der Schauspieler von *La corona di ferro* (1941) des Regisseurs Alessandro Blasetti?

Das habe ich schon so oft erzählt, dass es ein bisschen vorhersehbar gewesen wäre.

Aber es war das erste Mal, dass du in die Cinecittà gekommen bist, die zu deiner zweiten Heimat werden sollte, wenn nicht gar deiner einzigen. Und es ist eine schöne Geschichte.

La corona di ferro wurde in dem Studio gedreht, das zu meinem Studio werden sollte, dem Studio 5. Alessandro Blasetti hatte es bauen lassen, um diesen Film zu drehen. Ich war damals noch Journalist, und der Chefredakteur der Zeitung schickte mich los, um Osvaldo Valenti zu interviewen, der damals sehr beliebt war, ein Star.

Er stand auf einem Streitwagen, der von zwei Pferden gezogen wurde und aus dessen Rädern mörderisch scharfe Säbel ragten. Das Team war riesig, der Lärm ohrenbetäubend. Über all dem Chaos – Pferde, Reiter in Rüstungen, Türme, Bollwerke, Propeller, die Staub aufwirbelten – ertönte eine mächtige, metallische Stimme. Plötzlich trat bedrohliches Schweigen ein, und im blendenden Sonnenlicht stieg der Arm eines Krans immer höher und höher. Jemand lieh mir einen Feldstecher, und dort oben im Himmel, auf einem Sessel, der auf der Plattform des Krans befestigt war, erblickte ich einen Mann, der makellos gekleidet war – auf Hochglanz polierte Ledergamaschen, auf dem Kopf einen Helm, um den Hals ein indisches Seidenhalstuch. Er hatte drei Megafone, vier Mikrofone und um die zwanzig Trillerpfeifen: Das war der Regisseur Alessandro Blasetti.

Stimmt es, dass dieser Anblick in dir den Wunsch geweckt hat, Regisseur zu werden?

An diesem Tag habe ich begriffen, was ein Regisseur ist.

Aber ich habe noch nicht daran gedacht, dass auch ich ein Regisseur werden würde.

Blasetti hat wiederholt gesagt, das Bild, das du von ihm gemalt hast, sei etwas zu pittoresk. Tatsächlich habe er Gamaschen, etwas auf dem Kopf und ein Halstuch angehabt, außerdem ein Megafon und eine Trillerpfeife, aber das Bild eines über den Wolken thronenden, Blitz und Donner ausschickenden Jupiters sei deiner Phantasie entsprungen.

Er kam mir wie ein antiker Herrscher vor, eine biblische Gestalt, der König der Könige des Kinos.

Blasetti sagt, du seist der König der Könige des Kinos.

Blasetti ist mir gegenüber immer sehr herzlich gewesen. Als *Lo sceicco bianco* auf dem Festival von Venedig verrissen wurde, war Blasetti einer der wenigen Cineasten, die mich verteidigt haben.

Hast du gewusst, dass Marcello Mastroianni bei *La corona di ferro* als Statist mitgespielt hat?

Nein, das habe ich nicht gewusst. Aber es beweist, dass wir dafür bestimmt waren, uns kennenzulernen.

Bevor du das Fernsehen revolutionierst, hast du erst mal Italien revolutioniert: Für *La voce della luna* hast du eine neue Stadt konstruiert.

Ein Dorf, keine Stadt.

Du hast eine Disco konstruiert, wie es sie nirgends auf der Welt gibt.

Es war sehr schwierig, eine Disco zu konstruieren, die völlig neu wirken würde nach all denen, die wir in Film und Fernsehen gesehen haben. Wir haben Discos aller Art gesehen: galaktische Discos, Science-Fiction-Discos, Monddiscos. Ich wollte eine Disco ohne Rauch, ohne Stroboskope, ohne Endzeitstimmung bauen. Aber beim Versuch, eine ganz neue aufzubauen, habe ich schließlich doch auf Rauch, auf Stroboskope, auf die Atmosphäre kollabierender Sterne oder einer kosmischen Katastrophe zurückgegriffen.

Stroboskoplicht ist wie Zwinkern: Es verwandelt alle in Roboter, in eine fremdgesteuerte, mechanische oder automatisierte Masse, die von einer kollektiven psychomotorischen Erregung ergriffen ist. Kein bestehendes Dorf könnte eine solche Disco verkraften. Um das Dorf zu bauen, musste ich zum Baumeister, Handwerker, Architekten, Urbanisten werden. Ich habe ein Dorf gebaut, das gleichzeitig so heterogen, einzigartig und selbstverständlich wie möglich sein sollte. Ein Sammelsurium von Stilen: mittelalterliche Festungen, Renaissancepaläste, Jugendstilcafés, faschistische, moderne und postmoderne Gebäude. Aber als Ganzes wirkt es schließlich unsichtbar, wie alles, was wir ständig vor Augen haben. Wie der unablässige Strom von Bildern, die sich tagaus, tagein aus dem Fernsehen über uns ergießen und sich dabei selbst entwerten, auslöschen.

Spiegelt dieses Dorf das heutige Italien wider?

Ja und nein. Nachdem ich es gebaut hatte, musste ich es bevölkern, und ich habe es mit Menschen bevölkert, die geisterhaft und wirklich zugleich sind, wie die Menschen, die man heutzutage überall sieht, und ich habe sie beobachtet. Aber dieses Dorf kann nicht das ganze heutige Italien symbolisieren, weil es keinerlei regionalen Charakter hat. Es ist sozusagen ein transnationales Dorf. Es hat dieses Chaotische, Delirierende, das man heute überall auf der Welt findet. Als Ganzes erinnert es an so viel Bekanntes, dass es jegliche besondere Konnotation verliert, jeglichen persönlichen Charakter, jegliche Identität. Es ist so selbstverständlich und transparent, dass es an alle möglichen Dimensionen grenzt. Alles und nichts darin ist wiedererkennbar, insofern als es zur Wirklichkeit keine individuelle Beziehung mehr gibt mit den Gefühlen, Gedanken und Träumen, welche die Wirklichkeit hervorrufen sollte, aber nicht mehr hervorruft.

»Jede Figur, jede Situation, jedes Element des Films ist mehr oder weniger Ausdruck der Persönlichkeit seines Regisseurs.«

Symbolisiert die Melodie des *Donauwalzers* die Nostalgie nach einer verschwundenen Welt?

Der Strauss-Walzer wird mit nostalgischer Absicht vom ehemaligen Präfekten abgespielt, der Ordnung, Autorität, das Zeremonielle und Offizielle verkörpert und für den die Disco und die dort tobende Musik das Reich des Bösen, des Verderbens, des kollektiven täglichen Wahnsinns sind. Der ehemalige Irrenhausinsasse hingegen fühlt sich in diesem Reich wohl. Er ist ein shakespearescher Kobold, eine Art Puck, diese Figur aus *Ein Sommernachtstraum*, eine Art

Till Eulenspiegel. Er ist eine Figur der Brüder Grimm, ein Pierrot, aber auch Pinocchio, um in unserem kulturellen Feld zu bleiben. Er ist aber auch der Dichter Leopardi oder Leopocchio, wie sein Darsteller Roberto Benigni ihn nennt.

Sind das die beiden kontrastierenden Aspekte deiner Persönlichkeit?

Jede Figur, jede Situation, jedes Element des Films ist mehr oder weniger Ausdruck der Persönlichkeit seines Regisseurs. Das gilt auch für die Disco. Wenn der von Paolo Villaggio dargestellte ehemalige Präfekt die Rückkehr zur Ordnung angesichts des rasenden Chaos repräsentiert, dann repräsentiert der von Benigni dargestellte Irrenhäusler das Keimen von Kreativität, Einfallsreichtum, Phantasie, dieser flüchtigen, mehrdeutigen, unentzifferbaren, aber wunderbaren und begeisternden Wirklichkeit, die nichts anderes ist als das Leben.

Hast du den Film tatsächlich von Tag zu Tag erfunden?

Wir hatten nicht nur kein Drehbuch, wir hatten nicht einmal ein Treatment. Bei meinen anderen Filmen hatten wir immer mindestens ein Treatment, bei diesem nichts. Aber man darf nicht glauben, ich erfinde oder improvisiere alles. Dass Improvisation charakteristisch sei für meine Arbeit, ist eine Legende. Eine Disco wie diese lässt sich nicht einfach so auf die Schnelle bauen, so wenig wie ein ganzes Dorf. Einen Film zu machen ist ein gigantisches Unternehmen, als bringe man ein Raumschiff in eine Umlaufbahn.

»Dass Improvisation charakteristisch sei für meine Arbeit, ist eine Legende.«

Wenn ich dich jeweils am Set besuchte, fiel mir auf, dass du großen Wert auf die Kostüme der Schauspieler legtest. Was bedeuten die Kostüme der Schauspieler, respektive der Figuren eines Films für dich? Was bedeutet dir Mode?

Die Kleidung ist eine Komponente der Figur. Alles, was die Figuren meiner Filme tragen – Anzüge, Hemden, Krawatten, Westen, Hüte, Handschuhe, Mäntel, Regenmäntel und so weiter –, dient dazu, sie zu charakterisieren, ihnen eine Identität zu verleihen, sie psychologisch zu definieren. Nichts ist dem Zufall überlassen. Alles wird zu diesem Zweck bis ins kleinste Detail ausgewählt. Die Farben sind von größter Wichtigkeit. Man denke nur an die Westen, welche die Figuren von Gogol tragen oder die er selbst trug.

Aber wenn du deine Filmfiguren einkleidest, lässt du dich dann von der Mode inspirieren, die zur Zeit, da der Film spielt, existierte, von den damals angesagten Modeschöpfern, oder von Modeschöpfern der Vergangenheit?

Ein Filmemacher erfindet seine eigene Mode, so wie er seine eigenen Figuren erfindet. Wer Figuren erfindet, kann nicht umhin, auch die Kleider zu erfinden, die sie tragen. Natürlich in Zusammenarbeit mit Kostümbildnern. Mit mir arbeiteten oder arbeiten hervorragende Kostümbildner wie Piero Gherardi, Danilo Donati, Piero Tosi, Maurizio Millenotti, Antonello Geleng. Ich gebe die Richtung vor mit Skizzen, erkläre ihnen die Psychologie einer Figur, und sie entwickeln die Kostüme.

Aber verfolgst du das Modegeschehen? Kennst du die großen Couturiers, gehst du auf Modenschauen?

Ich verfolge das Modegeschehen unaufmerksam, wie fast alles. Natürlich kannte und kenne ich große Couturiers. Ich kannte Coco Chanel, Balenciaga und Yves Saint-Laurent, dessen Modeschauen und Atelier ich besucht habe. Natürlich kenne ich Valentino, Armani und Versace. Wie auch nicht? Sie sind die neuen Superstars der »Gesellschaft des Spektakels«, man nennt das den Starkult der Massen. Doch ich habe mich nie von ihnen anregen lassen, wenn ich die Kleider meiner Filmfiguren ausgewählt habe. Es gibt in meinen Filmen keine direkten Bezüge zu ihrem Schaffen. Da ist alles von uns erfunden, von mir und meinen Kostümbildnern.

Ist die Modenschau der Kardinäle in *Roma* ganz von dir erfunden?

Allerdings. Danilo Donati und ich haben sie uns ausgedacht in Zusammenarbeit mit dem Maler Rinaldo Geleng und einem seiner Söhne, der ebenfalls Maler ist. Danilo Donati ist ein genialer Ausstatter und Kostümbildner. Er hat eine seltene Gabe: Mit den billigsten Materialien kann er die prächtigsten Kostüme schaffen, wie in *Roma*, *Satyricon* und *Amarcord*. Rinaldo Geleng und sein Atelier, insbesondere seine Söhne Giuliano und Antonello, malten die Bilder, die in dem Saal hängen, wo die Modenschau der Kardinäle stattfindet. Zusammen mit Donati arbeiteten Piero Tosi und Antonello Geleng ebenfalls an *Amarcord* mit.

Aber es ist schwer vorstellbar, dass Elemente der aktuellen Mode sich nicht auf die Kostüme deiner Filmfiguren auswirken.

Vielleicht wirkt sich mal etwas so oder so aus, vor allem über meine Kostümbildner, aber es gibt nie einen spezifischen Bezug. Wenn ich mit den erforderlichen Ausdrucksmitteln für einen meiner Filme kämpfe, verwandle ich mich in einen Forscher, einen Archäologen, einen Stilhistoriker, aber immer im Dienste dessen, was für eine Figur notwendig ist. Dieser Notwendigkeiten wegen muss ich mich auch über das Modegeschehen auf dem Laufenden halten. Für jeden Film trage ich all die Informationen zusammen, über die ich wegen meiner Zerstreutheit und meiner zurückgezogenen Lebensweise normalerweise nicht verfüge, doch ich benutze sie äußerst zurückhaltend.

In deinem letzten Film, *La voce della luna*, tragen die Jugendlichen in der Disco die gleichen Outfits wie die Punks und Skinheads, die in Roms Außenbezirken wohnen und jeden Tag in die Innenstadt eindringen: Tigerfelljacken, Hundehalsbänder, Stachelfrisuren, Piercings, Ringe und Ohrringe.

Viele dieser jungen Leute tauchten auf unseren Wunsch genau so am Set auf, wie sie sich auch sonst kleiden. Andere wurden von Maurizio Millenotti so ausstaffiert. Er verkleidete junge wütende Vorstadtbewohnerinnen als Nofretete, Kleopatra, Batseba, Sulamith und Königin von Saba und ihre Freunde als teutonische Ritter, als neue Kreuzritter des Wahnsinns und des Todes.

Aber entsprachen diese Verkleidungen der Alltagsrealität, der herrschenden Mode?

Nein, nein. Den vom Mittelalter zum Raumfahrtzeitalter reichenden Stilmix erfand Millenotti. Die in den Vorstädten der modernen und postmodernen Megalopolis angesagte Mode ist so exzessiv und extrem, dass es schwierig ist, sie so wiederzugeben, wie sie in Wirklichkeit ist.

Wurden Benigni und Villaggio von dir oder von Millenotti eingekleidet? Am einen Tag, als ich dich am Set besucht habe, sah ich, wie du eigenhändig den Regenmantel zurechtgezogen hast, den Villaggio trug, bevor er in die Disco eintrat, um dort mit seiner verrückten alten Frau den *Donauwalzer* zu tanzen.

Ich bin nicht so pingelig, wie Luchino Visconti war, aber ich achte sehr auf Details. Im Film repräsentiert die von Villaggio gespielte Figur die Ordnung, wenn auch auf ziemlich manische Art, und der Regenmantel war etwas zerknittert, was bei einem Mann mit derart ehernen Prinzipien besonders deplatziert gewirkt hätte.

Und was trägst du für Designerkleider? Trägst du manchmal auffällige Westen wie Gogol?

Ich fühle mich geschmeichelt vom Vergleich mit einem so originellen, begabten Schriftsteller wie dem Autor von *Die toten Seelen*, aber ich kleide mich einfach irgendwie. Saul Bellow hat einmal gesagt, heutzutage versuchten nur noch Bankangestellte, wie Künstler auszusehen. Ich habe keine Stilberater. In Rom gibt es Läden, wo man Anzüge in verschiedenen Größen kaufen kann, Prêt-à-porter, mit Aufschlägen an den Hosen. Heutzutage tu ich das kaum noch, aber früher ging ich in solche Läden, probierte einen Anzug an, und wenn er einigermaßen passte, nahm ich ihn und steckte das, was ich beim Reinkommen getragen hatte, in eine Tüte.

»Sollte ich mich je als Fellini verkleidet haben, dann ohne die Hilfe von Stilberatern und Kostümbildnern, so talentiert diese auch sein mochten.«

Aber am Set verkleidest du dich als Filmemacher: mit Umhängen, Westen, Halstüchern und einem breitkrempigen Hut als Ersatz für dein einst legendär üppiges Haar.

Sollte ich mich je als Fellini verkleidet haben, dann ohne die Hilfe von Stilberatern und Kostümbildnern, so talentiert diese auch sein mochten.

Was hast du aus *Il poema dei lunatici* (dt. *Gesang der Mondköpfe*, 1987), dem Roman von Ermanno Cavazzoni, herausgeholt, der dich zu *La voce della luna* inspiriert hat?

Vielleicht fiele mir die Antwort leichter, wenn man die Frage umdrehte und mich fragte, was Cavazzonis Roman aus mir herausgeholt hat. Was ich damit sagen will, ist Folgendes: Lektüren, Erinnerungen, Begegnungen, Wutanfälle, Sehnsüchte, gute Vorsätze und Abneigungen – all das kann sich natürlich inspirierend auswirken und eine Stimmung wieder aufwecken, die die ganze Zeit dagewesen ist und geschlummert hat. So können aufgegebene Projekte, vergessene Ideen und Phantasien, die Geister uralter Einfälle,

Überbleibsel von Geschichten, die über das Stadium der Sinnestäuschung und des Traumes nicht hinausgekommen waren, wieder an die Oberfläche gelangen. Das geschah mit Cavazzonis Buch. Es hat mich nicht nur verführt durch seine beunruhigende Originalität und seine labyrinthische und trunkene Erzählweise, sondern es hat mir auch das Landleben bei meiner Großmutter Franceschina in Erinnerung gerufen mit den Tieren in den Ställen, Tag und Nacht, den Bäumen, den Steinen, den Wolken, den Stürmen, den Jahreszeiten, das ganze magische, panische Universum mit dieser gewaltigen Stille auf den Feldern in der Mittagszeit; außerdem die griechischen Sagen, den *Pinocchio*-Film, Till Eulenspiegel und Tobinos *Le libere donne di Magliano*[23].

Ich weiß nicht, ob sich in *La voce della luna* all diese Phantasien und all diese Figuren wiederfinden, aber ferne Echos, flüchtige Schatten dieser alten Projekte haben mehr oder weniger bewusst zu dem Film beigetragen. Ganz abgesehen vom alten, ach so großzügigen und unerschöpflichen *Mastorna*, der aus den Abgründen, in denen er versunken ist, nach wie vor radioaktive Signale ausschickt.

Mit diesem Film hattest du dir vor allem vorgenommen, das Publikum zum Lachen zu bringen. Glaubst du, dass dir das gelungen ist?

23 *Le libere donne di Magliano* (dt. *Die Frauen von Magliano* oder *Die Freiheit im Irrenhaus*, 1953) ist der Titel eines Romans, in welchem der Psychiater Mario Tobino beschreibt, dass die Bewohnerinnen einer psychiatrischen Klinik nach für sie durchaus vernünftigen Regeln leben. Fellini trug sich eine Zeit lang mit dem Gedanken, das Buch zu verfilmen.

Die Leute zum Lachen zu bringen ist immer mein größter Ehrgeiz gewesen, seit meiner Kindheit. In der dritten Klasse habe ich mal den Lehrer Giovannini, einen großen, dicken Mann mit einem Schnurrbart und Ambitionen als Bariton, nachgeahmt, und mittendrin hat er mich am Kragen gepackt, wie eine Katze hochgehoben und geschrien: »Was machen wir jetzt mit diesem Hanswurst?« Vor lauter Begeisterung darüber, diese glorreiche Bezeichnung verdient zu haben, machte ich mir in die Hose.

Ich glaube, in meinem ganzen Leben bin ich nie wieder jemandem begegnet, der mich so begeistert, hingerissen und umgehauen hat wie dieser kleine, gedrungene und gleichzeitig äußerst graziöse Zirkusmann, der Clown Pierino. Nicht einmal, als mir in Paris Charlie Chaplin vorgestellt wurde.

»Die Leute zum Lachen zu bringen ist immer mein größter Ehrgeiz gewesen, seit meiner Kindheit.«

Der große Chaplin hat dich also nicht sonderlich beeindruckt?

Ich sah nur das wallende weiße Haar, die leuchtenden Zähne eines aggressiv gefletschten Lächelns und dann seine winzige Hand, die mit Altersflecken übersät war wie mit Pailletten. »My God, you are so young«, sagte er mit einer rauen, metallischen Stimme, glaube ich jedenfalls. Es klang fast wie ein Vorwurf. Jetzt könnte er das nicht mehr sagen, ich glaube, ich bin mittlerweile etwas älter, als er damals bei unserer einzigen Begegnung gewesen war.

Von all deinen Filmen, welche hältst du für die unterhaltsamsten?

Das kann ich nicht sagen. In all meinem Filmen habe ich versucht, die Erinnerung an den Clown Pierino wachzuhalten. So ist zum Beispiel die von Richard Basehart gespielte Figur Il Matto in *La strada* eine Hommage an diesen kleinen August, der wie alle wahren Zirkusleute auch noch Seiltänzer und Reiter war.

»Er ist so faszinierend wie eine Märchenfigur. Er versteht sich mit Menschenfressern wie mit Prinzessinnen und sprechenden Fröschen. Er ist wie Pinocchio. Die Rede ist von Roberto Benigni.«

Haben sich Villaggio und Benigni als die »genialen Spaßmacher« bestätigt, wie du sie vor Drehbeginn genannt hast?

Alles, was ich vorhin gesagt habe, läuft auf eine Schlussfolgerung hinaus. Nachdem ich so lange gesucht hatte, habe ich Pierino wiedergefunden, jemanden genau wie ihn: leicht, wahnsinnig komisch, mondsüchtig, rätselhaft, ein Tänzer, ein Mime, der einen zum Lachen wie zum Weinen bringt. Er ist so faszinierend wie eine Märchenfigur, wie die Erfindung eines großen Literaten. Er kann jedwede

Landschaft glaubhaft machen und sie bewohnen, versteht sich mit Menschenfressern wie mit Prinzessinnen und sprechenden Fröschen. Er ist wie Pinocchio. Die Rede ist von Roberto Benigni.

***

Dieses Jahr wird das Kino neunzig Jahre alt. Findest du dieses Jubiläum nicht aufregend?

Das ist kein überzeugender Geburtstag. Eher würde ich verstehen, wenn es der hundertste wäre, der dem Kino die feierliche Aura von etwas verliehe, das mit der Ewigkeit zu tun hat. Aber dass plötzlich der neunzigste Geburtstag gefeiert werden soll, kommt mir vor, als wolle man ein Unglück vertuschen, das, wenn es nicht schon passiert ist, unmittelbar bevorsteht. Es ist, als traue man sich nicht zu sagen, dass das Kino gestorben ist, und bereite sich auf dieses Unglück vor, indem man seinen neunzigsten Geburtstag feiert. Das ist eher ein Nachruf.

Ich habe nicht den Eindruck, das Kino sei am Sterben oder werde dies demnächst tun, auch wenn es gerade eine unglückliche Phase durchläuft.

Mag sein, aber wozu soll man sich fragen, ob es noch am Leben ist? Mir scheint, man spricht von ihm immer ein bisschen wie bei einer Trauerrede, und deshalb möchte ich ehrlich gesagt an diesem Ereignis nicht teilnehmen.

Vielleicht ist es so, aber wenn es dann gefeiert wird, wirst du die Teilnahme nicht verweigern können.

Also wenn du darauf beharrst, muss ich sagen, dass ich nicht wirklich verstehe, was mit dem Kino passiert, welches sich in allen Strukturen sehr verändert zu haben scheint, was das Organisatorische betrifft ebenso wie den Verleih.

Was war für mich das Kino früher? Es war ein dunkler Saal mit einer Wand hinten mit einem quadratischen Loch darin, aus welchem ein Lichtbündel drang, das breiter werdend auf ein großes weißes Laken fiel: Auf diesem weißen Leintuch erschienen auffällig geschminkte Figuren, welche die Lippen bewegten, ohne etwas zu sagen, rätselhaft, stumm, eine andere Welt, ein anderes Leben, andere Sitten, lauter Dinge, die wir nicht kannten und allenfalls in Träumen zu sehen bekamen.

Und zusammen mit diesen großen Bildern, diesen riesenhaften Gesichtern, die man aus wenigen Millimetern Abstand zu studieren schien, kam aus diesem Viereck auch ein geheimnisvolles Rauschen, das klang wie das unaufhörliche Raunen von Wörtern, die wir nicht verstanden. Dieses Rauschen sagte alles, es ersetzte all die Wörter, welche die Figuren hätten sagen sollen, es enthüllte uns unsere Träume, es weckte die dunkle, schattenhafte Seite in uns allen. Die neuen technischen Möglichkeiten haben das Kino vollkommen seiner hypnotischen, stillen Faszination beraubt.

Zurückgehen kann man leider nicht, auch wenn du mit gutem Recht zu den Ursprüngen, zum Stummfilm, zu den ersten Filmen, die du als Kind in Rimini gesehen hast, zurückkehrst. Aber wie hat sich das Kino danach verändert, wie war es, als du erwachsen wurdest und die Laufbahn eines Regisseurs einschlugst?

Ich bin weder ein Filmtheoretiker noch -historiker. Für meine Generation war das Kino etwas Mythisches und gehörte zu den großen Ereignissen im Leben. Abgesehen von seinen kulturellen und den ihm eigenen spektakulären Aspekten gehörte es auch zum Leben, wie Verlobungen, Sex, Hochzeiten, Schnee und Weihnachten.

»Ich kann nicht abstrakt über das Kino reden. Über das Kino zu reden ist für mich, als rede ich über mich, mein Leben, das mittlerweile gleichbedeutend mit dem Kino ist.«

Auf eure Generation folgten andere, und unterdessen hat sich, wie du sagst, das Kino radikal verändert. Wie ist es zur Krise gekommen, mit der das Kino heute zu kämpfen hat?

Ich kann nicht abstrakt über das Kino reden. Über das Kino zu reden ist für mich, als rede ich über mich, mein Leben, das mittlerweile gleichbedeutend mit dem Kino ist. Was ich getan habe, bevor ich selbst Filme zu machen begann, war nichts anderes als die Vorbereitung eben darauf. Mir fehlt der Abstand, um all das zu analysieren, was mit dem Kino passiert ist und passiert.

Doch ich hege eine gewisse Skepsis, was seinen Gesundheitszustand betrifft, einerseits wegen der Art, wie es täglich und stündlich kaputtgemacht wird durch das Fernsehen im Allgemeinen und durch die Privatsender im Besonderen, andererseits wegen der angestrengten Bemühungen um Neuerungen, die so gar nichts zu tun haben mit der richtigen und natürlichen Art, Filme zu sehen. Wie etwa die Einführung von Stereo-Soundsystemen, die vor allem einen Zweck haben: das akustische Gewebe zu zer-

stören, indem dir Stimmen und Geräusche um die Ohren gehauen werden, hinter den Sesseln, unter dem Boden, aus dem Kassenhäuschen hervor, von außerhalb des Saals, ja von überallher, außer von der Leinwand, wo doch der einzige natürliche, magische Brennpunkt der Erzählung liegt. All diese Systeme sind für die kaputten Ohren abgestumpfter Menschen ausgedacht worden, die gar nicht mehr fähig sind, Stille und Stimmengeflüster wahrzunehmen.
Und schließlich, weil ich glaube, dass ein Publikum, das von den Massenmedien mit lauter undifferenzierten Reizen verdorben worden ist, immer weniger fähig ist, am Ritual einer Filmvorführung mit der Konzentration, Erwartung und Spannung teilzunehmen, ohne welche es weder Kunst noch ein Publikum geben kann.

Du bleibst also bei den apokalyptischen Prophezeiungen, die du bereits gemacht hast?

Ich will keine Prophezeiungen zum Thema Kino mehr machen. Wir können bei der Hundertjahrfeier wieder darüber reden, die nur schon der Feierlichkeit dieses Wortes wegen dem Kino etwas von der Würde zurückgeben wird, die ihm in letzter Zeit abhanden gekommen zu sein scheint. Paradoxerweise ging es dem italienischen Kino besser zur Zeit jener großen Abenteurer wie Peppino Amato, Dino De Laurentiis, Carlo Ponti und Angelo Rizzoli, denen es gelang, Großproduktionen durchzuziehen, die den Vergleich mit Hollywoodproduktionen in keiner Weise zu scheuen brauchten. Heute hingegen gibt es in Italien keine Filmindustrie mehr.

Tatsächlich ist das Kino anders als zur Zeit der von dir erwähnten großen Abenteurer. Ob das nun am Fernsehen liegt oder nicht: Der Film ist zu etwas anderem gewor-

den, einem hochindustriellen, elektronischen, High-Definition-Produkt. Du scheinst diese Veränderung nicht akzeptieren zu wollen, keine Lust zu haben, mit den neuen technischen Möglichkeiten zu experimentieren, die neuen Systeme zu benutzen.

Ehrlich gesagt sind das Erfahrungen, die ich nicht kenne. Natürlich weiß ich von den Experimenten, die Michelangelo Antonioni unternommen hat in *Il mistero di Oberwald* (dt. *Das Geheimnis von Oberwald*, 1980) und von jenen, die Peter Del Monte in *Giulia e Giulia* (dt. *Julia und Julia*, 1987) gemacht hat. Von Letzterem hat mir Peppino Rotunno, einer meiner Kameraleute, viel erzählt. Dank dieser technischen Möglichkeiten, die aus Japan stammen, erhalten Fernsehbilder eine größere stereoskopische Wirkung, aber die Übertragung vom Magnetband auf 35-Millimeter-Film ist extrem mühselig, und man weiß nie, was dabei herauskommt. Es kann sein, dass genau die beste Aufnahme dabei verloren geht. Ich sehe also nicht, was der Vorteil des Verfahrens sein soll.

»Ich vertraue auf die suggestive Macht des Films als Traum, Vision, geisterhafte Kreation. Ich vertraue auf die Einbildungskraft des Publikums.«

Reizt es dich nicht, es auszuprobieren?

Ehrlich gesagt, nein. Ich vertraue auf die suggestive Macht des Films als Traum, Vision, geisterhafte Kreation. Ich vertraue auf die Einbildungskraft des Publikums. Ich bin Autor eines Films wie *E la nave va*, in dem ein Schiff von Kanonen beschossen wird und untergeht. Nun, ich habe diesen Film ohne Meer, ohne Himmel, ohne Schiffe, ohne Kanonen gedreht. Ich habe alles in der Cinecittà erfunden. Aber das Publikum hatte das Gefühl, es gebe da Meer, Himmel, Möwen, Schiffe, Kanonen und alles andere. Das ist es, was ich nach wie vor unter Kino verstehe.

DER SIEBZIGSTE GEBURTSTAG
20. Januar 1990

Du wirst heute siebzig. Wie fühlst du dich?

Ich finde mich damit ab. Ich finde mich damit ab, so gut ich kann, Fragen zu beantworten, wie sie einem bei solchen Anlässen freundlich, aber unweigerlich gestellt werden. Abgesehen davon, habe ich mich als Greis zurechtgemacht: Morgenmantel, von der Hüfte abwärts eine Wolldecke, Husten und ein leerer Kopf. Komm mir nicht zu nah, ich möchte dich nicht anstecken, nicht mit dem Siebzigsten, sondern mit der chinesischen Grippe, die beschlossen hat, mir zur Feier des Tages Fieber und Seekrankheit zu bescheren.

Glaubst du an Astrologie? Gefällt dir dein Sternzeichen? Glaubst du, es habe deine künstlerische Tätigkeit beeinflusst?

Ich habe einmal in einem Büchlein über Sternzeichen gelesen, was typisch sein soll für ein Steinbockkind, und mich wiedererkannt in der Formulierung: »Das Steinbockkind ist von Geburt an genial.«

Jesus, Jeanne d'Arc, Madame de Pompadour, Marlene Dietrich, Edgar Allan Poe, Pasteur, Martin Luther King und Andreotti sind alle im Sternzeichen Steinbock geboren. Wem fühlst du dich am ehesten verwandt?

Als Jüngling gab es für mich zwei männliche Schönheitsideale, denen ich verzweifelt nacheiferte: den Theaterschauspieler Febo Mari mit seinem langen aristokratischen Hals, dem geringelten Haar, dem gleichzeitig herrischen und schmachtenden Blick; und Edgar Allan Poe, dessen phantastisches Gesicht mit seiner leichenhaften, fiebrigen Blässe alle Trunkenbolde der Welt rehabilitiert. Wem ich mich am ehesten verwandt fühle? Der Pompadour.

»Ich habe einmal in einem Büchlein über Sternzeichen gelesen, was typisch sein soll für ein Steinbockkind, und mich wiedererkannt in der Formulierung: ›Das Steinbockkind ist von Geburt an genial.‹«

Wie begreifst du und empfindest du die Zeit?

Ich habe nicht das Gefühl, die Zeit vergehe. Mir kommt alles gleich vor, immer schon, eine ewige Gegenwart, welche die Vergangenheit ebenso wie die Zukunft umfasst. So stelle ich mir das vor. Zweifellos hat das auch mit meinem Beruf zu tun, dank dessen ich mich meist in einem Studio befinde, inmitten von echten Menschen und erfundenen Figuren, die genauso echt wirken, umgeben von Freunden, Unbekannten, Reibereien, Begegnungen, Träumen, Phantasien. Ich kann ein Jahrzehnt nicht vom anderen unterscheiden, einen Film der Fünfzigerjahre nicht von dem, den ich mal drehen werde.

Bemerkst du nicht, dass die Wirklichkeit sich verändert?

Ab und zu gehe ich aus dem Studio, ohne dessen hohes Portal ganz zu schließen, aber woher soll ich dann wissen, aus welchem Jahr all das stammt, was ich draußen sehe: die Straßen, die Werkhallen, die Hunde, der Tag und die Nacht? So ist es auch mit dem übrigen Leben. Die lieben Menschen, die dich seit jeher beschützen, das Haus, die Bücher – gehören sie nicht alle zu dieser unbeweglichen, gedächtnislosen Zeit? Vermutlich hat Einstein diesen Sachverhalt schon etwas besser formuliert als ich.

Fürchtest du dich vor dem Alter?

In *La voce della luna* gibt es diese Figur, die Paolo Villaggio so wahr, authentisch und lebendig gemacht hat, dass es mich verstört. Er bringt einen zum Lachen, macht aber vor allem Angst, weil er dir dieses Gefühl von Kälte, Unbehagen, Unruhe eines Wesens vermittelt, das in einer unerreichbaren Galaxis verloren ist. Eine darstellerische Leistung, die man als unvergesslich bezeichnen kann. Er überrascht einen und erinnert gleichzeitig an große tragische Darsteller wie Raimu und Jannings. Das Alter, die Alten, alle Alten der Welt belauern ihn, verfolgen ihn Tag und Nacht bis in sein Bett. Sie beugen sich über ihn, der zu schlafen glaubt, und infizieren ihn mit ihrem ekelhaften Atem.

Hast du den Zustand erreicht, den man als Sinnesfrieden bezeichnet?

Kannst du dich an die Miene erinnern, mit der Oliver Hardy angesichts der Katastrophen, die Stan Laurel verursacht, ruhig und langsam in die Kamera blickt und so den Zuschauer stumm dazu auffordert, Zeuge von so viel Unglück zu sein? Das ist die Miene, mit der ich auf diese Frage reagiere.

Hast du Angst vor dem Tod?

Was soll ich sagen? Ja, nein, kommt drauf an, weiß nicht, kann mich nicht erinnern, was für ein Tod denn? Die unstillbare Neugier, die uns nach jeder Nacht morgens aufwachen lässt und durchs ganze Leben begleitet, sollte uns auch im Augenblick des unbegreiflichsten aller Ereignisse nicht im Stich lassen, jedenfalls sollten wir das hoffen. Wir werden sehen.

Glaubst du an die Unsterblichkeit?

Ich neige dazu, daran zu glauben, und kann allen nur raten, Gleiches zu tun, nur schon der geistigen Hygiene zuliebe. Dieser Glaube ist anregend und nährend für die Phantasie, obgleich ich gestehen muss, dass die Vorstellung, von dir zum siebentausendsten Geburtstag interviewt zu werden, mich mit einer gewissen Besorgnis erfüllt.

»Beten ist ja nicht nur ein Akt der Frömmigkeit, sondern man kann es auch als Technik einer geheimen psychologischen Alchimie zur Erreichung von Wundern und Zaubereien begreifen.«

Denkst du über Gott nach? Wie stellst du ihn dir vor?

Bis ich fünf Jahre alt war, hatte ich keine Zweifel: Gott sah aus wie Graf Gualtiero Ripa, unser Hausbesitzer. Er war spindeldürr, immer blau gekleidet, sogar seine Melone war himmelblau. Er hatte einen riesenlangen weißen Bart, der ihm auf die Brust hing und manchmal auseinanderglitt wie ein Vorhang, dann wurde darunter eine blaue Weste sichtbar mit einer blitzenden Goldkette. Er ging immer stumm und gedankenverloren durch den Flur, ohne jemandem ins Gesicht zu blicken, zwischen die Zähne eine Zigarrenspitze geklemmt. Eines Tages sagte meine Mutter halblaut: »Für wen hält der sich? Für den lieben Gott?«

Einige Jahre später wich das Bild des Grafen Gualtiero Ripa mit der blauen Melone und der Zigarrenspitze demjenigen des mächtigen Greises aus der Sixtinischen Kapelle, und das hat bis heute überlebt.

Betest du?

Nicht mehr so wie damals als Kind bei der Großmutter: Die tauchte plötzlich im Schlafzimmer auf, einen Kerzenhalter in der Hand, und das Kerzenlicht beleuchtete von unten ihr wunderschönes Indianerinnengesicht. Dann zeigte sie auf uns und fragte: »Habt ihr eure Gebete aufgesagt?« Eines Tages erwischte sie mich und meinen Bruder dabei, dass wir die Gebete zur Melodie von *Je cherche après Titine*[24] sangen. Sie drohte, den Hund von der Kette zu lassen und uns stattdessen mitten im Winter in die Hundehütte zu stecken. Aber Beten ist ja nicht nur ein Akt der Frömmigkeit, sondern man kann es auch als Technik einer geheimen psychologischen Alchimie zur Erreichung von Wundern und Zaubereien begreifen.

24 Ein Chanson aus dem Jahr 1917. In Chaplins *Modern Times* (dt. *Moderne Zeiten*, 1936) soll der Tramp es singen, doch vergisst er den Text und singt stattdessen Kauderwelsch. Eine Instrumentalversion des Liedes kommt auch in *I vitelloni* vor.

Glaubst du, du wirst bis in deine Neunziger schöpferisch sein wie Tizian, Picasso und De Chirico?

Ja, das habe ich Berlusconi, diesem armen Kerl, versprochen. Ich muss ihm immer schmackhaftere Gelegenheiten dafür bieten, Filme von mir Jahr für Jahr mit Millionen Werbeunterbrechungen zu versauen. Apropos: Ich habe erfahren, dass Angelo Rizzoli Junior die Filme, die ich für seinen Großvater gedreht hatte, also *I vitelloni*, *La dolce vita*, *Otto e mezzo* und noch drei oder vier andere, für immer und ewig an Berlusconi verkauft hat. Du lieber Gott, was soll man da machen?

DER OSCAR FÜR DAS LEBENSWERK

März 1993

Bist du zufrieden? Du bist gefeiert worden wie noch nie.

Es war eine Herausforderung, in meinem Zustand nach Los Angeles zu reisen. Mir dreht sich der Kopf, ich schwanke, die Spondylarthrose meiner Halswirbelsäule lässt mir keine Ruhe. Zu den tatsächlichen Beschwerden kommt noch eine Art Autosuggestion hinzu: Je häufiger ich daran denke, dass ich umfallen könnte, desto häufiger habe ich das Gefühl, umzufallen; so kommt es mir jedenfalls vor. Die Probe der Zeremonie war sehr anstrengend: Ich, Marcello und Sophia kamen uns wie blutige Anfanger vor. Aus Höflichkeit war ich davor noch zum Sitz der Directors Guild of America am Sunset Boulevard gegangen, wo der neu geschaffene John Huston Prize verkündet wurde, aber ich habe den Saal nicht betreten, da ich dermaßen wacklig auf den Beinen war.

Während der Zeremonie schienst du gut in Form zu sein.

Ich habe mich sehr angestrengt, um so zu wirken und die paar Worte zu sagen. Was hätte ich denn in dieser so kurzen Zeit, kaum dreißig Sekunden, sagen können? Selbst wenn ich dazu fähig gewesen wäre, wäre es nicht möglich gewesen, Denkwürdigeres zu sagen, als dass ich dankbar sei für den fünften Oscar, den Oscar für mein Lebenswerk.

Die Verleihung ist perfekt organisiert: Sie folgt dem Timing, dem Rhythmus, den Methoden einer Show. Es ist eine Show in der Show und denen gewidmet, die Shows veranstalten. Wäre meine Zeit nicht so rigoros limitiert gewesen, hätte ich eine intelligente, witzige, sympathische, distanzierte und zugleich tiefbewegte, in einem Wort: eine fellineske Rede halten können. Ich hätte die Angst überwinden können, dem Bild, das die Amerikaner von mir als Cineasten wie als Person hatten, nicht zu entsprechen. Doch das Zeremoniell lässt das nicht zu: Alles ist wie eine Filmsequenz genauestens kalkuliert.

»Wäre meine Zeit nicht so rigoros limitiert gewesen, hätte ich eine intelligente, witzige, sympathische, distanzierte und zugleich tiefbewegte, in einem Wort: eine fellineske Rede halten können.«

Von dieser Angst ist nichts zu spüren. Im Gegenteil, du hast ausgesprochen selbstsicher gewirkt.

Hätte ich einem Schauspieler oder einer Schauspielerin, sagen wir Marcello Mastroianni oder Sophia Loren, zeigen müssen, wie sie sich verhalten, sich hinstellen, was für Texte sie sprechen sollten, hätte ich mich vielleicht wirklich wohl gefühlt. Doch in diesem Fall war ich selbst der Schauspieler, oder vielmehr Schauspieler und Regisseur zugleich. Bei sich selbst Regie zu führen, ist nicht leicht, man muss sich dafür sozusagen aufspalten.

Aber du bist ja schon in *Intervista* unter deiner Regie aufgetreten.

Vor der Kamera und ein paar wenigen Leuten, nicht vor einem Riesenpublikum wie im Dorothy Chandler Pavilion und vor Kameraleuten aus der ganzen Welt.

Dein Auftritt war jedenfalls großartig.

Wenn ich keine Arbeit als Regisseur mehr bekomme, kann ich ja noch Schauspieler werden.

Hattest du Giuliettas Tränen erwartet?

Ja, ich hatte damit gerechnet. Sie ist ein extrem gefühlvolles Wesen. »Stop crying«, sagte ich intuitiv: Giulietta saß zu weit von der Bühne entfernt, als dass ich hätte sehen können, dass sie weint. Aber ich kenne sie besser als mich selbst. Wir leben seit ungefähr einem halben Jahrhundert zusammen. Das Publikum, das sich im Dorothy Chandler Pavilion drängte, war gerührt. Giulietta ist viel populärer und beliebter als ich. Eines Tages wurde ihr in der Via Margutta, der Straße, wo wir wohnen, die Tasche entrissen, samt ihrem Armreif, ihren Ringen und ihrer Uhr. Doch als die Täter begriffen, wer ihr Opfer gewesen war, hinterlegten sie das Diebesgut für uns in einer Bar in Trastevere, einem Arbeiterviertel Roms. Ein paradoxes Ereignis. Natürlich wäre es angenehmer gewesen, wenn sie gar nicht erst beraubt worden wäre, aber so ist das halt heute.

Was zeichnet Giulietta als Schauspielerin aus?

Sie hat die Leichtigkeit eines Traums, eines Gedankens. Sie verfügt über die Bewegungen, das mimische Geschick und die Sprechweise eines Clowns. Sie kann so verblüfft und so bestürzt dreinschauen, unversehens vor Freude explodieren oder in tiefste Trauer versinken wie ein Clown. Sie hat etwas wirklich Clowneskes. Von unserer ersten Zusammenarbeit an hat sie vollkommen meinen Ideen, Absichten, Vorlieben und der Art, wie ich eine Rolle konzipiere, entsprochen. Ihr clowneskes Talent ist für mich das klare Zeichen einer Berufung zur Schauspielerin. Deswegen war sie die ideale Darstellerin für *La strada*, die perfekte Gelsomina.

Aber Giulietta sagt, als du *La strada* vorbereitet hast, hoffte sie, du würdest sie wie Greta Garbo oder Katherine Hepburn aussehen lassen.

Giulietta ist gleichzeitig eine ganz einfache und eine vieldeutige Frau. Sie ist eine typische Vertreterin ihres Sternzeichens: Alle Fische haben dieses Doppeldeutige, diese grundlegende Zwiespältigkeit. Giulietta steckt voller Widersprüche, Ambivalenzen und Gegensätze. Die Figuren von Cabiria und Gelsomina hätten ohne sie nie entstehen können, wären mir nie eingefallen, hätte ich nicht Giulietta als Vorbild gehabt – doch sie entstanden gegen ihren Willen. Einerseits war sie froh, dass ich sie ausgewählt hatte, um diese Figuren zu spielen, andererseits sträubte sie sich, leistete Widerstand, bockte sie. Es war, als wollte sie etwas Dunkles und Rätselhaftes, das in ihr steckte, nicht zum Ausdruck bringen, sondern es verleugnen. Seite an Seite mit der Giulietta, die Ja sagte, tauchte eine andere auf, die Nein sagte. Tatsächlich wollte sie als Schauspielerin das Gegenteil der Figuren sein, die sie in meinen Filmen spielte.

Hat sie auch gegen *Giulietta degli spiriti* Widerstand geleistet?

Klar, aber weniger als bei *La strada* und *Le notti di Cabiria*. Das war so, weil sie spürte, dass ich aus ihr eine andere

Figur machen wollte als zuvor. Ich wollte das Kino verwenden, um gewisse Transparenzen der Wirklichkeit einzufangen, und für ein solches Unterfangen schien mir Giulietta die geeignetste Führerin zu sein. Giulietta ist ein surreales Wesen. Das Visionäre, Magische, Verwunschene, das sich in manchen meiner Filme findet, geht von ihr aus. Die zwiespältige und wechselhafte Figur, die sie in *Giulietta degli spiriti* spielte, entspricht am meisten ihrem eigenen Wesen.

»Giulietta ist ein surreales Wesen. Das Visionäre, Magische, Verwunschene, das sich in manchen meiner Filme findet, geht von ihr aus.«

Wie hast du auf ihre Widerstände reagiert? Du hast auch schon gestanden, sie schlecht behandelt, höhere Ansprüche an sie gestellt zu haben als an andere Schauspielerinnen und Schauspieler.

Ich habe höhere Ansprüche an sie gestellt, weil ich unserer Beziehung wegen angenommen hatte, sie werde alles auf Anhieb richtig machen und ich müsse ihr nicht so viel erklären. Ich kenne Giulietta schon so lange, und wir haben einander ein Leben lang beobachtet. Sie hat nie vergessen und vergisst nie, dass sie meine Frau ist. Am Set verhält sie sich gleichzeitig wie eine Schauspielerin und wie meine Frau. Immer wieder ist sie an den Set gekommen, um herauszufinden, ob mir kalt ist, meine Schuhe nass sind oder ob ich einen Cappuccino brauche. Aber ich muss gestehen, dass ich ihr gegenüber zuweilen unfair gewesen bin und zu hohe Ansprüche gestellt habe.

Hast du Schuldgefühle?

Vielleicht schon. Wer nicht? Schuldgefühle sind uns Katholiken angeboren. Aber meine Beziehung zu Giulietta hat sich nie wirklich verändert. Sie ist ein rätselhaftes Wesen, das in seiner Beziehung zu mir eine quälende Sehnsucht nach Unschuld und Vollkommenheit zu Tage fördert. Mehr als einmal hat es mich gejuckt, sie zu fragen: »Bist du wirklich geboren worden und erst mit der Zeit so geworden, wie du bist? Warst du nicht von Anfang an perfekt?« Ich möchte nicht übertreiben und mich lächerlich machen, aber Giulietta ist für mich eine Art Beatrice: süß, strahlend und erhaben.

Und deine Beziehung zu Marcello Mastroianni, der dir den Oscar für dein Lebenswerk überreicht hat, ist die immer perfekt gewesen?

Beim Filmfestival von Venedig 1987 habe ich ihm den Goldenen Löwen für sein Lebenswerk überreicht, wir sind jetzt also quitt. In unserer Beziehung hat es nie bemerkenswerte Veränderungen gegeben. Seit wir zusammen *La dolce vita* gedreht haben, sind wir immer freundlich, loyal und liebevoll miteinander umgegangen. Er ist immer ein treuer, echter Freund gewesen. Unsere Freundschaft hat sogar die unangenehmen Ereignisse, die sie hätten zerstören können, unbeschadet überstanden. 1966 hat er ohne Umschweife seinen Vertrag mit dem römischen Teatro Sistina gebrochen, wo er *Ciao, Rudy* spielte. Hundert Millionen Lire Strafe musste er zahlen, damit er die Hauptrolle in *Il viaggio di G. Mastorna* übernehmen konnte, dem Film, der dann nicht zustande kam. Ich kann mich erinnern, dass er sagte: »Mach dir nichts draus, Federico. Ich warte.« Und gewartet hat er mit unendlicher Geduld.

Trotzdem hast du für diese Rolle andere Schauspieler gesucht.

Ja, weil er immer anderweitige Verpflichtungen hatte. Aber er war der ideale Darsteller dafür. Es ist kein Zufall, dass er seit *Otto e mezzo* als mein Alter Ego bezeichnet worden ist.

Marcello war immer in der Welt unterwegs. Er bezeichnete sich selbst als Luxustourist. Am liebsten nahm er Rollen an für Filme, die nicht in Rom gedreht wurden. Ich war einer der wenigen Regisseure, für die er bereit war, in Rom zu drehen. Er musste immer flüchten in ferne Länder. Er hat mich schon aus den exotischsten Orten angerufen.

Wieso musste er flüchten?

Marcello läuft vor sich selbst davon, vor den Situationen, die er selbst geschaffen hat. Das gehört zur Psychologie eines Schauspielers, der es gewohnt ist, auf der Leinwand und auf der Bühne andere Menschen zum Leben zu erwecken und sich zu verkleiden. Marcello ist ein sehr intelligenter, sensibler und aufmerksamer Mensch, außerdem kann er eine Situation blitzschnell erfassen und wird auch den höchsten Ansprüchen gerecht. Er ist ein perfekter, vorbildlicher Schauspieler, der sich einem Regisseur mit Haut und Haar zur Verfügung stellt.

Warum habt ihr euch dann nicht öfter gesehen?

Wir haben uns vor allem am Set oder unterwegs gesehen, wenn wir im Ausland für einen Film geworben haben. Bei wichtigen Anlässen war er immer dabei. Er hat mich für *La dolce vita* nach Cannes begleitet und zu den Preisverleihungen für *Otto e mezzo* nach Moskau und New York.

Auf dem Moskauer Filmfestival gehörte *Otto e mezzo*

zum offiziellen Programm. Sogar Nikita Chruschtschow war bei der Vorführung anwesend. Ich kann mich erinnern, dass er dabei eingenickt ist oder zumindest so tat, um sich nicht zu sehr zu kompromittieren. Das Zentralkomitee der kommunistischen Partei hatte dem Präsidenten der internationalen Jury, Grigori Tschuchrai, eingeschärft, *Otto e mezzo* nicht auszuzeichnen, weil das kein Film fürs Proletariat sei. Doch ermutigt von den ausländischen Jurymitgliedern vergab Tschuchrai den Preis doch an meinen Film. Danach musste er aus Moskau flüchten, um Repressalien durch die Partei zu entgehen. Chruschtschow allerdings, als Vertreter des Tauwetters, sympathisierte mit ihm.

Mastroianni beschreibt diese Reisen als tolle Abenteuer.

Das waren sie auch. Marcello reagierte auf alles, was er sah, mit der Begeisterung eines Kinds und wurde überall sehr herzlich aufgenommen. Als in New York im Lincoln Center eine Retrospektive meiner Filme gezeigt wurde, kamen alle großen amerikanischen Regisseure, um uns zu begrüßen, und gratulierten Marcello mehr als mir.

»Marcello benutzt Lügen als diplomatische Strategien, um anderen Leid zu ersparen. Für seine Rücksicht auf andere hätte er einen Orden verdient.«

Aber gab es nicht auch andere Gründe, warum Mastroianni aus Rom weg und vor sich und den von ihm geschaffenen Situationen flüchten wollte? Und hat euch

nicht mehr verbunden als nur die Beziehung von Regisseur und Schauspieler?

So wie ich zu Giulietta hat auch Marcello eine sehr tiefe Beziehung zu seiner Frau, Flora Carabella. Er hat mit ihr eine Tochter, Barbara, die für mich schon als Ausstatterin gearbeitet hat. Ich glaube, er braucht sie unbedingt als Gefährtin, ja ich glaube, sie ist seine beste Freundin, eine mysteriöse, kostbare Freundin.

Diese mystische Verbindung hat ihn freilich nicht daran gehindert, andere Beziehungen zu haben.

Es ist Marcello gelungen, ein wundersames Gleichgewicht zwischen Flora und anderen Frauen zu finden. Nie hat er seine Ehe in Brüche gehen lassen, vielleicht weil er sich durch sie geschützt fühlt. Er ist aber auch nicht fähig, seine anderen Beziehungen abzubrechen. Und er gibt zu, dass die Frauen ihn verlassen, weil er sich nicht dazu durchringen kann, unter seine Vergangenheit einen Schlussstrich zu ziehen.

Flora sagt, Marcello sei ein großer Lügner, ein unheilbarer Flunkerer, genau wie du.

Ich kann nur sagen, dass er mich nie belogen, mir nie eine Unwahrheit gesagt hat. Man muss das im richtigen Zusammenhang sehen. Marcello benutzt Lügen als diplomatische Strategien, um anderen Leid zu ersparen. Für seine Rücksicht auf andere hätte er einen Orden verdient. Er hätte einen Oscar verdient für die Geduld, die Ausdauer und die Intelligenz, mit der er seine Beziehung zu Flora aufrechterhalten hat.

Hast du vor, weitere Filme mit ihm zu drehen?

Natürlich täte ich das gern, allein schon um die Bürde des Alters erträglicher zu machen, und damit wir uns jünger fühlen. Manchmal gefällt mir die Idee, mal wieder einen Film in Fregene zu drehen, obschon ich dort seit Jahren nicht mehr gewesen bin. Einen großen Abenteuerfilm mir einer Dreißigerjahre-Szenerie: Schmugglerboote, die nachts auf dunkler See mit verbotener Ladung unterwegs sind, Banditen und andere Verbrecher, die sich in diesen prächtigen, zerfallenden Villen versteckt halten, reiche, schöne Frauen, die wie Gespenster die Strände bevölkern, und Mastroianni als Superpolizist, der Philip Marlowe erblassen ließe. Aber vielleicht sind das nur Hirngespinste eines alten Mannes.

»Ich bewundere und beneide Leute, die nicht nur Bilanz ziehen, sondern auch Pläne für die Zukunft, ja fürs dritte Jahrtausend schmieden können. Ich hingegen vermag nicht einmal zu sagen, was ich morgen tun werde.«

Hat dich der Oscar für dein Lebenswerk nicht dazu beflügelt, einen neuen Film zu drehen?

Der Ehrenoscar ist insofern besonders befriedigend, als er einen Cineasten für sein Gesamtwerk auszeichnet und damit von der unangenehmen Pflicht befreit, aus seinem Werk etwas auszuwählen – was immer schwierig ist. Natürlich ist das eine Anregung dazu, weitere Filme zu drehen, nicht zuletzt, weil diese Auszeichnung eine Wiedergeburt des Kinos anzukündigen scheint. Gleichzeitig wirkt sie aber auch wie ein Abschluss, die Einladung dazu, einen Schlussstrich zu ziehen und anderen Platz zu machen.

Aber Künstler leben lang, wie du schon öfter gesagt hast: Mit neunzig hat Tizian seinen Malstil revolutioniert, De Chirico malte bis in seine Neunziger, Picasso bis zweiundneunzig, Chagall bis siebenundneunzig.

Diese Vergleiche schmeicheln mir natürlich, ich bezweifle aber, dass ich ebenso lange werde schöpferisch sein können. Das Einzige, was für mich spricht, ist, dass ich es nicht schaffe, Bilanz zu ziehen, nicht einmal die Bilanz eines einzigen Tages. Ich bewundere und beneide Leute, die nicht nur Bilanz ziehen, sondern auch Pläne für die Zukunft, ja fürs dritte Jahrtausend schmieden können. Ich hingegen vermag nicht einmal zu sagen, was ich morgen tun werde.

In deinen Filmen hast du aber sehr wohl Dinge vorweggenommen.

Nichts habe ich vorweggenommen. Was geschehen ist, musste geschehen, das lag in der Natur der Dinge. Wir alle unterliegen einer Art Vorbestimmung.

FEDERICO FELLINIS TOD

Am 29. Juni 1993 bringt die italienische Presseagentur ANSA die Meldung:

»Federico Fellini arbeitet in der Cinecittà mit dem Ausstatter Antonello Geleng und dem Kostümbildner Maurizio Millenotti unter strenger Geheimhaltung an den Vorbereitungen zu *Block-notes di un regista: l'attore* (dt. *Notizblock eines Regisseurs: Der Schauspieler*). Die Dreharbeiten beginnen Ende August, und der Film wird im April 1994 fertig sein. Zurzeit arbeitet der Regisseur am Handlungsgerüst, das auf Erinnerungen, Anekdoten und erfundenen Elementen aus seiner langjährigen Erfahrung im Umgang mit Schauspielern beruht. Im Film, den der Autor als ›Liebeserklärung eines Marionettenspielers an seine Puppen‹ bezeichnet, werden Paolo Villaggio und andere Schauspielerinnen und Schauspieler aus Fellinis Umfeld mitwirken, darunter Marcello Mastroianni und Giulietta Masina.«

Allerdings arbeitete Federico Fellini am 29. Juni 1993 keineswegs unter strenger Geheimhaltung in den Studios der Cinecittà an *Block-notes di un regista: l'attore.* Er war in Zürich, wo er sich am 16. Juni im Universitätsspital einer Operation unterzogen hatte, die länger als erwartet gedauert hatte. Er wurde am 28. Juni entlassen und ging ins Grandhotel Dolder, das hoch über der Stadt liegt, um sich zu erholen.

Fellini hatte seit einiger Zeit unter hohem Blutdruck und Arthritis gelitten, doch das hatte ihn nicht am Arbeiten gehindert. Ernst wurde die Lage im September 1992, als ein

Aneurysma der Bauchaorta festgestellt wurde. Er machte sich große Sorgen, doch gelang es ihm, diese mit seinem ironischen und selbstironischen Humor zu überspielen, der ihn nie verließ. Er konsultierte eine Reihe von Ärzten. Er wollte sich vergewissern, ob die Sache wirklich gefährlich war und ob er sich operieren lassen sollte oder nicht. Seiner eigenen Darstellung zufolge riet ihm die eine Hälfte der Ärzte zu einer Operation, die andere sagte, er könne ruhig weitermachen wie bisher.

Am 26. März flog Fellini mit Giulietta Masina und Marcello Mastroianni nach Los Angeles, um den Oscar für sein Lebenswerk entgegenzunehmen. Während des Flugs und seines Aufenthalts in Los Angeles klagte er über Schmerzen in der oberen Wirbelsäule und über Schwindel. Ein Arzt besuchte ihn in seiner Wohnung in Beverly Hills. Als er von dem Bauchaorta-Aneurysma hörte, sagte er: »Hier in Amerika operieren wir in solchen Fällen.«

Nach seiner Rückkehr nach Rom begann Fellini ernsthaft über eine Operation nachzudenken, besonders weil er mit *Block-notes di un regista: l'attore* anfangen wollte, den er schon mehrmals verschoben hatte.

Im Mai entschied er, sich operieren zu lassen. Begleitet von einem seiner Leibärzte, Professor Turchetti, reiste er nach Zürich, um Professor Marko Turina zu konsultieren, den Leiter des Fachbereichs Herz- und Gefäßchirurgie am Universitätsspital. Nach einer Reihe von Untersuchungen und Tests machte ihm Professor Turina klar, dass die Operation dringend nötig sei, auch wenn sein Zustand noch nicht kritisch sei.

Am 12. Juni kehrte Fellini für die Operation nach Zürich zurück. Er war in Begleitung von Giulietta Masina und von Simona Tavanti, der Tochter von Giuliettas Schwester Eugenia. Sie logierten im Hotel Europe im Zentrum der Stadt.

Die Operation erwies sich dann als ausgesprochen schwierig. Simona Tavanti erzählt:

»Turchetti kam nicht mit, weil er den Chirurgen traute, welche die Operation vornehmen würden, Turina und seinem Assistenten Professor Michele Genoni. Federico wurde am 14. Juni im Krankenhaus aufgenommen und am 16. Juni operiert. Er kam um 7:30 Uhr in den Operationssaal. Um 12 Uhr wurde er in sein Zimmer zurückgebracht. Er erwachte aus der Narkose. Es schien, als sei alles gut gegangen. Doch dann hatte Federico eine Blutung und wurde in die Intensivstation gebracht. Um 13:30 Uhr wurde wieder eine Narkose eingeleitet, und er wurde erneut operiert. Um 19 Uhr sagte uns Genoni, es sei zu einer Embolie gekommen. Spätabends am 17. Juni wurde Federico in sein Zimmer zurückgebracht. Er schlief zwei ganze Tage. Am 19. Juni, einem Samstag, wachte er auf. Auf seinem Nachttisch lag ein Zettel mit einer Nachricht. Er hatte sie am Abend des 15. Juni geschrieben. Sie war an Giulietta gerichtet. Er schrieb, er liebe sie, es sei eine große Freude gewesen, sie an seiner Seite zu wissen, und er würde sich freuen, ihr Gesicht zu sehen, wenn er aus der Narkose erwache. Doch ihn zu wecken war schwierig. Im Schlaf rief er nach seiner Mutter.«

Ende Juli verließ Fellini Zürich und zog ins Grandhotel in Rimini, um sich dort zu erholen. Doch am 3. August hatte er einen Schlaganfall, der Familie und Freunde mit großer Besorgnis erfüllte. Nachdem er sich davon erholt hatte, wurde Fellini am 20. August nach Ferrara in die Klinik San Giorgio gebracht für eine Rehabilitationstherapie. Am 18. September machte er einen Blitzbesuch in Rom, um Giulietta zu treffen, die sich im Columbus-Krankenhaus von einem unbekannten Leiden erholte. Am 9. Oktober wurde er nach Rom zurückgebracht, um in der neurologischen Abteilung der Poliklinik Umberto I. seine Rehabilitationstherapie fortzusetzen, damit er bald wieder in seine Wohnung und zur Arbeit zurückkehren könnte.

Doch am späten Nachmittag des 17. Oktobers, als Fellini im Beisein zweier Freunde, des Produktionssekretärs Enzo De Castro und seines Produktionsleiters Roberto Mannoni, zu Abend aß, hatte er einen Erstickungsanfall.

Mannoni erinnerte sich: »Ich fühlte ihm sofort den Puls: kein Lebenszeichen. Ich rief: ›Hilfe! Hilfe!‹ Zwei Pfleger und eine Frau, die diensthabende Ärztin, kamen angerannt. ›Herzstillstand, Herzstillstand‹, sagte sie, begann sein Herz zu massieren und bat uns, aus dem Zimmer zu gehen.«

De Castro ergänzte: »Ich rief sofort Professor Turchetti zu Hause an. ›Fellini ist am Ersticken, kommen Sie sofort!‹, sagte ich. Wir hatten keine Ahnung, wie die Lage bei Fellini im Zimmer war, ob die Herzmassage funktioniert und Fellini sich erholt hatte. Wir waren furchtbar besorgt. Nach einer Viertelstunde kam noch ein Arzt. Das war der Notarzt, er trug einen Koffer mit Instrumenten. Gleich danach kam Turchetti. Unterdessen hatten wir kaum noch Hoffnung, Fellini könnte sich erholen. Wenn jemand nicht atmen kann, sind fünfzehn Minuten eine Ewigkeit. Wären Mannoni und ich nicht dort gewesen, wer hätte Fellini helfen können, der ja nicht mehr reden oder um Hilfe rufen konnte? Wahrscheinlich wäre er gestorben, ohne dass jemand es bemerkt hätte. Gegen halb sieben wurde Fellini weggebracht. Er hatte Schläuche in der Nase. Sie brachten ihn auf die Intensivstation der Poliklinik, die mehrere hundert Meter entfernt war.«

Fellini fiel in ein Koma und erlangte nie mehr das Bewusstsein. Er starb am Mittag des 31. Oktobers.

»Das Kino hat ein Genie verloren«, hieß es in den Radio- und Fernsehnachrichten in aller Welt. Überall auf der Erde wurden Dreharbeiten unterbrochen für Schweigeminuten zu Ehren des verstorbenen Maestros. In der Poliklinik und in der Via Margutta trafen Hunderte und Aberhunderte Beileidsbekundungen von Regisseuren, Schauspielern, Autoren, Regierungschefs, Staatschefs und gewöhnlichen Leuten ein. In der Nachricht von Boris Jelzin und seiner Frau Naina stand: »Der Name des hervorragenden Meisters der Filmkunst wird in der Geschichte der Kultur unserer Welt immer einen festen Platz haben.«

Die Zeitungen des 1. Novembers wetteiferten darum, mit Artikeln auf der Frontseite und riesigen Schlagzeilen dem Toten die Ehre zu erweisen. *The Times*: »Er gehörte zu den ganz wenigen Regisseuren, die das Kino der Nachkriegszeit erneuerten.« *The New York Times*: »Die Welt, die Fellini uns zeigt, ist zwar im Studio geschaffen, aber enthüllt das wahre Wesen der Welt draußen: Sie ist ein Zirkus.« *Libération*: »Maestro Cinema, Italien verliert seinen großen Poeten.«

Am selben Tag wurde Fellinis Leiche, bekleidet mit dem Smoking, den er bei der Verleihung des Oscars für sein Lebenswerk getragen hatte, im Studio 5 in der Cinecittà aufgebahrt, wo die meisten seiner Meisterwerke entstanden waren. Der Sarg war mit roten Blumen bekränzt und wurde von Carabinieri in Galauniform bewacht, den Hintergrund bildete die riesige Darstellung eines blauen Himmels als Zeichen der Unendlichkeit. Eine gewaltige Menge erwies ihm die letzte Ehre. Ihr Schweigen wurde einzig durchbrochen von Melodien, die Nino Rota und Nicola Piovani für Fellinis Filme komponiert hatten.

Die Trauerfeier fand am 2. November in der Basilika Santa Maria degli Angeli statt. Kardinal Silvestrini sagte in seiner Predigt: »Das letzte Bild, das Fellini, der Herr der Bilder, uns hinterlässt, ist das Bild von ihm selbst, bewegungslos und stumm im Halbschatten einer sich hinziehenden Agonie. Aus diesem Halbschatten ist er hinweggegangen, um wie Nikodemus im Evangelium nach Johannes unseren

Herrn zu fragen, wie ein Mann geboren werden könne, wenn er alt sei. Und im Evangelium sagte unser Herr zu Nikodemus: ›Lass dich's nicht wundern, dass ich dir gesagt habe: Ihr müsset von Neuem geboren werden. Der Wind weht, wo er will, und du hörest sein Sausen wohl; aber du weißt nicht, von wannen er kommt und wohin er fähret.‹ Federico wusste, dass es dieses Wehen gab. Er hörte sein geheimnisvolles Sausen. Dieses Wehen war seine poetische Kraft, die ihn befähigte, Menschen und Dinge zu verwandeln.«

»Ich will mit ihm gehen«, sagte Giulietta Masina ganz leise, als der Sarg in den Leichenwagen geschoben wurde, der ihn nach Rimini bringen sollte. Doch die Schauspielerin, die krebskrank war, sollte ihn unter schrecklichen Schmerzen noch ungefähr fünf Monate überleben. Sie starb am 23. März 1994.

CODA: GEDANKEN ÜBER KUNST, LEBEN UND KINO

1970 und 1990–1992

Was ist ein Künstler für dich?

Ein Künstler ist ein Mensch, der von einem Dämon gerufen wird und auf diesen Ruf antworten muss. Dadurch wird er in eine Art nebulöse Galaxis geschleudert, zu welcher er besondere geheime und unbewusste Verbindungen hat. Das Problem dabei ist, die Töne, Farben und Zeichen zu erkennen, die der Stimme entsprechen, von der er gerufen wurde. Ist dieses Problem gelöst, muss er nichts anderes tun, als als Medium zu wirken.

Gerate ich in diesen Gnadenzustand, inszeniere nicht mehr ich den Film, sondern der Film inszeniert mich. Doch es braucht dafür ein ganz feines Empfinden: Du hast dich in eine Stadt begeben, die du nicht kennst, aber in der du dich mit der Leichtigkeit eines Gespenstes bewegen musst, mit der Geschwindigkeit eines Vampirs, ohne vorgefasste Meinungen, ohne Ideologien, denn sonst wird alles infiziert. Das ist gleichsam der Prolog, das Vorzimmer der Kreativität. Danach kommen deine praktischen Erfahrungen ins Spiel, das Handwerk, die Professionalität, mit anderen Worten: Dann kommt die harte Arbeit, das Schöpferische materiell umzusetzen. Ein Künstler macht nicht, was er will, sondern was er kann. Diese Spannung macht das aus, was man Kunst nennt.

Ist Kino Kunst für dich?

Ja und nein. Es ist Kunst, gleichzeitig aber auch Zirkus, Schaubude, Reise auf einem Narrenschiff, Abenteuer, Illusion, Trugbild. Es ist eine Kunst, die mit den anderen Künsten nichts zu tun hat und erst recht nicht mit Literatur. Es ist eine autonome Kunst. Am ehesten ist es noch mit der Malerei verwandt – des Lichtes wegen. Das Herz aller Dinge, im Kino wie in der Kunst, ist das Licht. Im Kino ist das Licht wichtiger als das Sujet, die Geschichte, die Figuren: Das Licht drückt das aus, was ein Cineast zu sagen hat.

Ein Kritiker, der mich niedermachen wollte, schrieb, ich sei ein »malerischer« Regisseur. Er hätte nichts Schmeichelhafteres sagen können. Es kommt nicht von ungefähr, dass ich eine tiefe Sympathie für Maler hege, dass ich sie beneide. Maler sind glücklich, heiter, sie leben lang, sie sind privilegierter als Lyriker. Sie werden von Frauen und Freunden respektiert; würden sie auch vom Finanzamt etwas mehr respektiert, wären sie geradezu glückselig.

»Der Künstler, den ich am meisten bewundere, ist Picasso. Picasso ist für mich das Symbol, der Archetyp, der Demiurg der Kreativität.«

Welche Maler magst du am liebsten?

Ich habe eine Vorliebe für manche italienischen Maler: Scipione, Mafai, Rosai, Campigli, Carrà, Sironi, De Chirico und Balthus[25]. Es ist kaum zu glauben, dass ausgerechnet

25 Balthus war kein italienischer Maler, sondern wurde in Paris als Sohn ausgewanderter Polen geboren.

während des Faschismus die italienische Malerei zur höchsten Ausdruckskraft fand. Sironi ist ein gewaltiger Maler, dessen Bedeutung noch nicht wirklich erkannt worden ist. Für mich als Filmemacher ist De Chiricos metaphysische Malerei von größter Bedeutung. Er hat Italien erfunden mit seinen Plätzen, Straßen, Kolonnaden und Seeufern. Er gibt es getreulich wieder und poetisiert es gleichzeitig.

Doch der Künstler, den ich am meisten bewundere, so sehr, dass ich immer wieder von ihm geträumt habe, ist Picasso. Picasso ist für mich das Symbol, der Archetyp, der Demiurg der Kreativität. Viermal habe ich von ihm geträumt, immer in Zeiten der Krise. Einmal habe ich geträumt, ich befände mich auf einem smaragdgrünen, aber bedrohlichen Meer unter einem Himmel, der einen Sturm, eine Katastrophe ankündigte, als ich neben mir einen Mann bemerkte, der mit weit ausholenden Armbewegungen schwamm. Plötzlich drehte er sich um, und ich sah, dass es Picasso war. Dieser Traum ging mir lange nach, wie Musik in einem nachklingen kann.

Ein andermal, ich weiß, dass ich damals mit *Il viaggio di G. Mastorna* beginnen wollte, träumte ich, ich sei in Picassos Haus. Der Künstler war in der Küche und sprach die ganze Nacht eindringlich mit mir. Als ich erwachte, war ich in einen Horizont von Licht getaucht. Warum träume ich gerade von Picasso? Weil er der Künstler ist, mit dem ich mich am meisten identifiziere. Zu der Zeit, als ich diese Träume hatte, betrachtete ich die Malerei mit einem gewissen Befremden, einem Misstrauen, wohl aus Ignoranz; aber wenn ich jetzt Bilder von Picasso sehe, spüre ich sogleich eine Seelenverwandtschaft, werde vollkommen hingerissen, überwältigt von deren Reichtum, Kraft, Glück, Essenz und Leben. Picasso ist als Maler total, absolut frei. Paradoxerweise glaube ich, dass für einen Künstler totale Freiheit gefährlich ist, nämlich wenn sie nicht dazu führt, dass er schöpferisch ist, sondern seine schöpferische Begabung vergeudet. Meiner Meinung nach braucht es einen Tyrannen. Ich wäre für eine abstrakte staatliche Autorität, die mich zwingen würde, andauernd, unablässig Bilder zu schaffen. Die Päpste, welche die kindliche Psyche der Künstler gut verstanden, ließen diese zu sich kommen und befahlen ihnen zu malen.

Kennst du Picasso persönlich?

Ich habe ihn nur ein einziges Mal gesehen, in Cannes, zur Zeit von *Le notti di Cabiria*. Ich war da mit Simenon, der uns einander vorstellen wollte, aber dann verschwand der Künstler in der Menge. Immerhin konnte ich mir seine Augen einprägen: Sie waren haselnussbraun, ihr Blick tief und durchdringend wie ein Laser.

***

Bist du zufrieden mit deiner Beziehung zu den Frauen?

Es ist mir gelungen, mit Giulietta eine Ebene zu finden, auf der wir uns begegnen, einander verstehen. Ich fühle mich nicht unterdrückt, verstümmelt, zermalmt. Ich muss mich nicht scheiden lassen. Denke ich an die Volksabstimmung über die Scheidung, erfüllt mich Scham, habe ich das Gefühl, in einem absurden Land zu wohnen; ich begreife nicht, wie dieses Problem alles blockieren kann, diese Abstimmung ist zu einer Art Streben nach dem Absoluten geworden. Das ist grotesk. Wenn schon sollte man die Ehe abschaffen. Das Gesetz müsste vorschreiben: »Ihr sollt nicht heiraten.« Oder die Ehe müsste jährlich erneuert werden, wie ein Führerschein. Zwei Menschen, die weder einander kennen noch sich selbst, zu zwingen, ein Leben lang zusammenzuleben, ist, als würde man zwei Neugeborene in eine Kiste sperren und dazu zwingen, gemeinsam aufzuwachsen, jeder mit dem Fuß des anderen im Mund. Dabei kämen zwei entsetzliche, furchterregende Ungeheuer heraus.

»Man sollte die Ehe abschaffen. Oder die Ehe müsste jährlich erneuert werden, wie ein Führerschein.«

Wie siehst du die Beziehung zwischen Männern und Frauen in Italien?

In Italien bringen selbst die Vorurteilslosesten vieles durcheinander. Ich bin ein italienischer Mann, und ich muss sagen, dass wir uns schämen sollten für die Situation der Frau. Männer verhalten sich Frauen gegenüber entsetzlich rassistisch. Doch auch von den Frauen wird einiges durcheinandergebracht. Die Gleichheit von Männern und Frauen ist biologisch gesehen ein Unding. Ich weiß nicht, wie diese Unterdrückung der Frau durch den Mann begann, wie es zur Niederlage der Frau gekommen ist. Aber ich muss gestehen, dass auch die Besten von uns entweder erotoman oder aber Schlappschwänze sind, die nur nach der Ästhetik gehen.

Ich weiß nicht, was eine Frau ist. Ich sehe in den Frauen immer mich selbst, insofern als ich auf sie das projiziere, was mir fehlt. Die Frau repräsentiert das, was wir nicht haben, aber da wir nicht wissen, was wir nicht haben, projizieren wir unseren Schatten auf sie. C. G. Jung sagt, die

Frau befinde sich dort, wo unsere dunkle Seite beginnt. Und weil der Italiener unter dem Einfluss der katholischen Kirche ein Kind geblieben ist und dasjenige der beiden Geschlechter ist, das sich weniger gut kennt, projiziert er auf die Frau einen unglaublich großen Schatten.

Du bist ein Verehrer von Jung. Hat die Lektüre seiner Texte über Psychologie und Psychoanalyse dir genützt?

Die Psychologie hat mich immer schon fasziniert. Von allen Wissenschaften ist es für mich die erste, die grundlegende, der Ausgangspunkt. Man müsste sie vom Kindergartenalter an unterrichten. Ich bin befreundet mit Ernst Bernhard, einem Vertreter von Jungs Analytischer Psychologie. Er war für mich ein unvergleichlicher Vermittler. Er war es, der mir klar gemacht hat, dass das Traumleben nicht weniger wichtig ist als Alltagsleben, insbesondere für einen Künstler. Dank ihm habe ich mich dafür geöffnet, Jung zu lesen, diesen hellsichtigen Wissenschaftler, den alle kennen sollten. Diese Lektüre hat mich sehr bereichert.

Auch wenn dies oft behauptet wird, habe ich nie eine Analyse gemacht, aber ich glaube an die Analytische Psychologie, Jungs Weiterentwicklung der Psychoanalyse. In Italien wissen die Leute nicht einmal, was Psychoanalyse ist. Sie lehnen sie ab mit der Oberflächlichkeit und der Herablassung, die hier so charakteristisch sind. Es ist lächerlich, nicht an die Psychoanalyse zu glauben. Das ist, als würde man nicht an Mathematik oder Chemie glauben.

Die Psychoanalyse erlaubt uns, uns mit dem Leben als Problem auseinanderzusetzen, hilft uns, uns von Tabus zu befreien, erweitert unser Bewusstsein, sie hält uns einen Spiegel vor, in dem unser Gesicht uns vielleicht unangenehm vorkommt, aber es ist immerhin unser Gesicht. Leider schmeißen dich die Psychoanalytiker heute raus, selbst wenn du mitten in einem Heulkrampf bist, aber nicht, bevor du die Rechnung bezahlt hast, denn die Rechnung pünktlich zu bezahlen, heißt es, sei der Behandlung förderlich.

Auch den Politikern täte eine Psychoanalyse gut. Die Italiener sind sehr ignorant, sie würden von jeder wissenschaftlichen Disziplin profitieren. Doch die katholische Kirche hält uns in einer Art Umnachtung, egal was es für neue Erkenntnisse gibt. Eine Wissenschaft, die zum Ziel hat, dass der Mensch sich selbst kennenlernt, wäre also umso wichtiger in einer Gesellschaft, die auf Ignoranz und Konformismus beruht.

»Es ist lächerlich, nicht an die Psychoanalyse zu glauben. Das ist, als würde man nicht an Mathematik oder Chemie glauben.«

Liest du auch das I Ging?

O ja. Ich kenne es seit mindestens zehn Jahren. Kennengelernt habe ich es ebenfalls durch Bernhard. Er hatte ein ledergebundenes Exemplar auf seinem Schreibtisch, das er von Zeit zu Zeit konsultierte. Nach seinem Tod erwies mir seine Witwe die Ehre, mir dieses Exemplar zu schenken, das ich wie meinen Augapfel hüte. Ein Freund hat mir aus China dann die richtigen drei Münzen gebracht. Bernhard hatte mir geraten, zu diesem Buch eine freundschaftliche Beziehung aufzubauen, und das habe ich getan. Ich kann sagen, dass es mir in Augenblicken der Krise geholfen hat.

Einer Legende zufolge lese ich nichts als Comics. Aber

ich habe nicht nur *Pinocchio*, Andersens Märchen und die Märchen der Brüder Grimm gelesen.

Sondern was?

Außer zeitgenössischen Italienern und italienischen Klassikern wie Dante, Boccaccio, Ariost und Petrarca, deren Lektüre man uns im Gymnasium aufgezwungen hat, habe ich Schiller, Novalis, Goethe, Dostojewski, Thomas Mann, Hoffmann, Kafka, Simenon und Dürrenmatt gelesen.

***

Das British Film Institute hat in der Zeitschrift *Sight and Sound* eine Liste der zehn besten Filme der Geschichte publiziert, ausgewählt von wichtigen internationalen Regisseuren. Auf den Plätzen drei und vier sind *Otto e mezzo* und *La strada*. Freust du dich darüber?

Was mich betrifft, bin ich natürlich höchst zufrieden. Aber da ich nicht weiß, welches die anderen acht Filme sind, kann ich nichts dazu sagen.

Dann sag ich's dir. Auf Platz eins ist *Citizen Kane* (1941) von Orson Welles. Bist du damit einverstanden?

Absolut, aber ich muss dazu noch etwas anmerken.

Was?

Solche Listen werden immer mal wieder ermittelt. In der Regel werden wir gefragt, welche zehn Filme der Filmgeschichte wir vor dem Untergang retten würden. Wäre es nicht präziser zu fragen, welche wir vor dem Fernsehen retten würden?

So oder so ist es schwierig, solche Fragen zu beantworten. »Die besten«, absolut gesehen? Wie soll man das sagen können? Ein Film, ein Buch, ein Konzert gefällt dir auch deswegen, weil du dafür in der richtigen Stimmung bist. Du erlebst sie in einer bestimmten Phase deines Lebens, einer bestimmten Stunde, in dieser im Gegensatz zu jener Stadt, mit einem – dir bekannten oder unbekannten – Menschen neben dir, der ebenfalls zu deiner Freude am Gesehenen beiträgt.

Du hast gesagt, du bist mit der Platzierung von *Citizen Kane* einverstanden. Warum?

Citizen Kane, den Orson Welles 1941 als 25-Jähriger inszeniert und gespielt hat, ist der erste andersartige Film in den USA der Dreißiger- und Vierzigerjahre. Das amerikanische Kino jener Zeit war sehr packend, aber abgesehen von Charlie Chaplin und John Ford fiel es Regisseuren schwer, als Autoren wahrgenommen zu werden. Sie drehten gute oder sogar hervorragende Filme, aber im Vordergrund standen die Schauspieler, die Stars. Das amerikanische Kino wurde repräsentiert durch Chaplin und die Garbo, wobei mir Chaplin wichtiger als die Garbo war, weil ich immer eine Vorliebe für Komiker hatte, von Buster Keaton bis Harold Lloyd, von den Marx Brothers zu Laurel und Hardy.

Inwiefern war *Citizen Kane* ein andersartiger Film?

In jeder Beziehung. Er war der Ausdruck eines Autors, eines Schöpfers, und sein Auftauchen in diesem Kontext wirkte wie eine Erleuchtung. Die anderen Regisseure erkannten, dass hinter den Bildern von *Citizen Kane* ein genialer Autor stand, der auch die Decken von Räumen ins Bild mit einbezog, der mit Schärfentiefe und Weitwinkelobjektiven den Hintergrund ebenso klar zeigte wie den Vordergrund. Darüber hinaus, was schon enorm interessant war, revolutionierte *Citizen Kane* auch das filmische Erzählen. Ich habe ihn seit Langem nicht mehr gesehen, nehme aber an, dass er seine außerordentliche Ausdruckskraft behalten hat.

»Ich hatte immer eine Vorliebe für Komiker, von Buster Keaton bis Harold Lloyd, von den Marx Brothers zu Laurel und Hardy.«

Dann war nicht einmal ein Josef von Sternberg, der Regisseur von *Der blaue Engel* (1930), als Autor wahrgenommen worden?

Der blaue Engel war einer dieser vielen Fälle, in denen die Schauspielerin, die Diva, wichtiger wurde als der Regisseur. Der Film verdient es, auf diese Rangliste aufgenommen zu werden, wegen dieses umwerfenden, grotesken Narren, Professor Unrat, und wegen dieses unglaublichen katzenhaften Wesens, das Marlene Dietrich darstellt, eine der berückendsten Verführerinnen der Filmgeschichte.

Gehen wir weiter zu *Raging Bull* (dt. *Wie ein wilder Stier*, 1980) von Scorsese. Er ist auf Platz zwei, nach *Citizen Kane*, aber vor *Otto e mezzo* und *La strada*.

Martin Scorsese ist ein Regisseur, ein Autor, von großem Talent, den ich mit *Taxi Driver* (1976) schätzen lernte, eine

Wertschätzung, die mit jedem weiteren seiner Filme noch gewachsen ist. Erst recht sympathisch ist er mir geworden, als ich ihn persönlich kennengelernte. Er ist ein Mann, der das Kino mit einer großen, ansteckenden Leidenschaft liebt, und von ihm können wir nur immer noch interessantere und bessere Filme erwarten.

Was hältst du von Jean Vigos *L'Atalante* (dt. *Atalante*, 1934), der ebenfalls auf Platz vier ist?

Ich habe *L'Atalante* nie gesehen, muss ich zu meiner Schande gestehen. Aber es ist ja bekannt, dass ich meine Abende nicht im Kino verbringe. Jean Vigo war allerdings ein großer Regisseur.

Findest du es nicht merkwürdig, dass Chaplins *Modern Times* zusammen mit Coppolas *The Godfather* (dt. *Der Pate*, 1972) und Hitchcocks *Vertigo* (1958) auf Platz fünf ist?

Charlie Chaplin: Allein die Nennung seines Namens löst in mir Bewunderung, Begeisterung, Applaus und Dankbarkeit aus. *Modern Times* ist aber nicht mein Lieblingsfilm von ihm. Mir sind *The Kid* (1921), *The Circus* (dt. *Der Zirkus*, 1928), *Monsieur Verdoux* (1947) und *City Lights* (dt. *Lichter der Großstadt*, 1931) lieber. Statt *Modern Times* hätte ich *City Lights* gewählt – oder *Monsieur Verdoux*, wenn Chaplin am Schluss des Prozesses seiner Hauptfigur nicht diese Predigt in den Mund gelegt hätte, die sich wie Wahlpropaganda anhört. Deshalb also: *City Lights*, ein Jugendstilfilm, schön, traurig und süß wie ein Grabmal auf dem Friedhof Staglieno.

»Charlie Chaplin: Allein die Nennung seines Namens löst in mir Bewunderung, Begeisterung, Applaus und Dankbarkeit aus.«

Coppola taucht wie du zweimal auf der Liste auf, nämlich auch noch auf Platz neun mit *The Godfather: Part II* (dt. *Der Pate – Teil II*, 1974). Vorher kommen noch Kurosawas *Shichinin no samurai* und Dreyers *La passion de Jeanne d'Arc* (dt. *Die Passion der Jungfrau von Orléans*, 1928). Und danach kommt Kurosawas *Rashomon*. Was hältst du davon?

Shichinin no samurai und *La passion de Jeanne d'Arc* hätten beide den ersten Platz verdient. Dreyer und Kurosawa sind Genies. Bei Kurosawa kann ich gar nicht sagen, ob mir jetzt *Shichinin no samurai* oder *Rashomon* lieber ist, wobei ich doch eher zu Letzterem tendiere. Doch beides sind Werke eines großen Autors. Solche Filme zu sehen ist wie Ariost zu lesen. Von Coppola habe ich so ziemlich alles gesehen: *The Conversation* (dt. *Der Dialog*, 1974), *Apocalypse Now* (1979), und dann *The Godfather* und *The Godfather: Part II*. Coppola ist ein echter Erzähler, robust, sanguinisch, mächtig; außerdem hat er den Mut, Genres, Stile und Vorlieben zu wechseln und sein Talent in den Dienst verschiedenster Themen zu stellen. Was Hitchcock betrifft, so mag ich einen Film lieber als *Vertigo*: *The Birds* (dt. *Die Vögel*, 1963), dieses hellsichtige, beunruhigende, rätselhafte und grausame psychoanalytische Märchen.

Du hast noch nicht gesagt, ob *Raging Bull*, *The Godfather*,

***The Godfather: Part II* und *Vertigo* ihre Plätze auf der Liste verdient haben.**

Ich sage nicht, sie verdienen sie nicht, aber ich hätte viele andere Filme und Autoren in die Liste aufgenommen. Deshalb kann ich dazu kein klares Urteil abgeben.

Welche Filme und Autoren hättest du denn auf die Liste gesetzt?

Einen Film mit Greta Garbo, *Stagecoach* (dt. *Ringo*, 1939) von John Ford, *Paisà* von Rossellini, Buñuels *Le charme discret de la bourgeoisie* (dt. *Der diskrete Charme der Bourgeoisie*, 1972), *Ansiktet* (*Das Gesicht*, 1958) oder *Smultronstället* von Bergman, Kubricks *Barry Lyndon* (1975), vielleicht einen Film mit Laurel und Hardy.

Stagecoach, das ist Kino in Reinkultur, grandios, spektakulär. Als ich John Ford kennenlernte, wollte ich ihm meine Begeisterung für diesen Film vermitteln, den ich – den italienischen Titel *Ombre rosse* ins Englische übersetzend – *Red Shadows* nannte. »Was für ein schöner Titel!«, sagte John, und sein nicht von einer Klappe verdecktes Auge blitzte. »Aber den habe ich nie gedreht.« Jemand korrigierte netterweise meinen Fehler und sagte, der Originaltitel von *Ombre rosse* sei *Stagecoach*.

Paisà ist ein neuartiger und überraschender Film, wie ich schon einmal gesagt habe. *Le charme discret de la bourgeoisie* ist der rätselhafteste, vollkommenste und emblematischste Film von Buñuel, einem genialen Cineasten. Ja, ich möchte sagen, Buñuel ist der größte von allen, weil er etwas fertigbringt, das nur er kann: Er lässt den Film sich durch seine ihm eigene authentische und kostbare Sprache ausdrücken, die Sprache der Träume. In seinen Filmen träumt Buñuel für uns Zuschauer.

Und wie kann man eine solche Liste erstellen, ohne wenigstens einen Film von Bergman aufzunehmen? Von den beiden erwähnten ist mir persönlich *Ansiktet* lieber, aber die befragten Regisseure hätten mindestens ein Werk dieses großen schwedischen Cineasten in die Liste aufnehmen müssen.

Und warum nimmt man auf diese Liste nicht auch einen der frühen James-Bond-Filme auf? Schließlich geht es da um grundlegende, ehrliche Elemente dessen, was Kino ausmacht: Abenteuer, ein unbesiegbarer, extrem gut aussehender Held, Exotik und umwerfende Frauen, die darauf brennen, mit dem Helden ins Bett zu steigen. Doch nicht nur darum erwähne ich diese Filme. Ich glaube auch, dass sie auf besonders ernste und glaubwürdige Weise dokumentieren, in welcher Zeit wir leben: wie sich die Grenze zwischen politischen und polizeilichen Aktivitäten ständig verwischt, wie grimmig um die Macht gekämpft wird – mit der Grausamkeit von Insekten. Diese Filme haben alles vorweggenommen, was wir danach in den Zeitungen gelesen und im Fernsehen gesehen haben: Attentate, Blutbäder, unglaubliche Erpressungen, Spione überall, vielleicht auch in der Portiersloge deines eigenen Wohnblocks.

Du hast noch nicht gesagt, warum du *Barry Lyndon* oder sonst einen Kubrick-Film auf die Liste setzen würdest.

Barry Lyndon ist ein Film, der die gleichen Gefühle auslöst, wie wir sie angesichts eines Meisterwerks der Literatur oder der Malerei empfinden. Kubrick ist ein großartiger Cineast. Er hat eine große visionäre Begabung, verbunden mit der Macht, das, was seine außerordentliche Phantasie hervorbringt, in suggestive Bilder umzusetzen. Außerdem hat er eine Gabe, um die ich ihn beneide, eine Gabe, die auch viele andere amerikanische Regisseure wie Scorsese, Coppola und Altman besitzen.

»Kubrick ist ein großartiger Cineast.
Er hat eine große visionäre Begabung,
verbunden mit der Macht, das, was seine
außerordentliche Phantasie hervorbringt,
in suggestive Bilder umzusetzen.«

Und was ist das für eine Gabe?

Sie sind bereit, sich mit den verschiedensten Themen auseinanderzusetzen, ohne sich je auf eine bestimmte Weltsicht oder Ausdrucksweise festzulegen, und bleiben doch immer durch ihren Stil erkennbar.

Woher rührt diese Vielseitigkeit verglichen mit derjenigen italienischer Regisseure oder Autoren?

Von den Auftraggebern. In den USA wählt eine Produktionsfirma eine Geschichte aus, übergibt sie fähigen Drehbuchautoren und schlägt sie dann einem Regisseur vor. Dieser läuft deshalb weniger Gefahr, sich zu wiederholen, immer von sich zu sprechen, was er zwar leugnet, was aber dennoch immer wieder offensichtlich wird.

Bist du gerade dabei, dich selbst zu kritisieren?

Ich habe schon unendlich oft erklärt, dass ich gern einen Auftraggeber hätte, der mich zwänge, diesen oder jenen Film zu machen, wobei ich nur meine cineastische Erfahrung nutzen dürfte und befreit wäre von der Gefahr, mich selbst zu spiegeln. Aber ich weiß nicht, ob es je dazu kommen wird.

LEBEN UND WERK

1920	Federico Fellini wird am 20. Januar als erstes von drei Kindern in Rimini geboren. Sein Vater Urbano ist ein Bauernsohn aus der Nähe von Rimini, seine Mutter Ida stammt aus Rom, wo die beiden sich während der Bäckerlehre des Vaters kennengelernt haben. Die Ferien verbringt Federico auf dem Bauernhof der Großeltern auf dem Land.
1930–1938	Er besucht das Gymnasium in Rimini und beginnt Karikaturen zu zeichnen, die bereits zu dieser Zeit in Zeitschriften und Zeitungen veröffentlicht werden.
1939	Fellini schreibt sich für ein Jurastudium an der Universität Rom ein, das er aber vernachlässigt. Er beginnt, als Karikaturist und Journalist zu arbeiten, zunächst bei der Tageszeitung *Il Piccolo*, später bei dem wöchentlichen Satiremagazin *Marc' Aurelio*. Mit den Kolumnen über seine Jugend in der Provinz und seine Anfänge in Rom macht er Karriere. Er ist ebenfalls für *Radiocorriere* als Radiodramaturg tätig und schreibt an Drehbuchentwürfen für Musicals, Revuen und diverse Filme mit.

1942 Fellini schreibt für *Avanti c'è posto* (Regie: Mario Bonnard) zum ersten Mal an einem Drehbuch mit. Es folgen im selben Jahr die Drehbücher für *I cavalieri del deserto* (Regie: Gino Talamo, Osvaldo Valenti) und *Quarta pagina* (Regie: Nicola Manzari).

1943 Fellini heiratet die Schauspielerin und Sprecherin Giulietta Masina. Die Ehe hält bis zu seinem Tod.
L'ultima carrozzella, Drehbuch (Regie: Mario Mattòli)
Campo de' fiori, Drehbuch (Regie: Mario Bonnard)
Nun als Drehbuchautor etabliert, gibt er seine Karriere als Journalist und Radiodramaturg auf.

1945 Pier Federico, der einzige Sohn von Federico und Giulietta, stirbt wenige Wochen nach seiner Geburt.
Roma, città aperta, dt. *Rom, offene Stadt*, Drehbuch (Regie: Roberto Rossellini)

1946 *Paisà*, Drehbuch (Regie: Roberto Rossellini)

1947 *Il delitto di Giovanni Episcopo*, dt. *Das Verbrechen des Giovanni Episcopo*, Drehbuch (Regie: Alberto Lattuada)
Il passatore, Drehbuch (Regie: Duilio Coletti)
Für das Drehbuch zu *Roma, città aperta* wird Fellini zum ersten Mal für den Oscar nominiert.

1948 *L'amore*, dt. *Amore*, Drehbuch (Regie: Roberto Rossellini). Fellini spielt selbst im Film mit, als ein Hirte.
Senza pietà, dt. *Ohne Gnade*, Drehbuch (Regie: Alberto Lattuada)
Il mulino del Po, dt. *Die Mühle am Po*, Drehbuch (Regie: Alberto Lattuada)

1949 *In nome della legge*, dt. *Im Namen des Gesetzes*, Drehbuch (Regie: Pietro Germi)

1950 *Il cammino della speranza*, dt. *Weg der Hoffnung*, Drehbuch (Regie: Pietro Germi)
Persiane chiuse, dt. *Geschlossene Gardinen*, Drehbuch (Regie: Luigi Comencini)
Mit dem Film *Luci del varietà*, dt. *Lichter des Varieté*, für den er auch am Drehbuch mitschreibt, führt Fellini zum ersten Mal Co-Regie zusammen mit Alberto Lattuada. Er besetzt eine Rolle mit seiner Ehefrau Giulietta Masina, die ihn in der Folge zu zahlreichen seiner Filmfiguren inspirieren und in sechs weiteren Filmen mitspielen wird.
Oscar-Nominierung für das Drehbuch von *Paisà*

1951 *La città si difende*, dt. *Jagd ohne Gnade*, Drehbuch (Regie: Pietro Germi)

1952 *Il brigante di Tacca del Lupo*, dt. *Der Rebell von Tacca del Lupo*, Drehbuch (Regie: Pietro Germi)

Mit *Lo sceicco bianco*, dt. *Die bittere Liebe*, auch: *Der weiße Scheich*, gibt Fellini sein Regiedebüt; wie üblich schreibt er auch am Drehbuch mit. In dieser Doppelfunktion als Co-Drehbuchautor und Regisseur wird Fellini alle seine folgenden Filme realisieren.

1953 *I vitelloni*, dt. *Die Müßiggänger*, Silberner Löwe der Filmfestspiele von Venedig

L'amore in città, dt. *Liebe in der Stadt*, Episode: *Un' agenzia matrimoniale*

1954 *La strada*, dt. *La Strada – Das Lied der Straße*

1955 *Il bidone*, dt. *Die Schwindler*

1956 Silberner Löwe der Filmfestspiele von Venedig für *La strada*

1957 *Le notti di Cabiria*, dt. *Die Nächte der Cabiria*

Fellini erhält für die Regie von *La strada* seinen ersten Oscar für den besten fremdsprachigen Film. Auch das Drehbuch ist für den Oscar nominiert, geht aber leer aus.

1958 *Le notti di Cabiria* wird mit dem Oscar für den besten fremdsprachigen Film ausgezeichnet.

Oscar-Nominierung (Drehbuch) für *I vitelloni*

1960 *La dolce vita*, dt. *Das süße Leben*. Dieser Film gilt als Fellinis kommerziell erfolgreichster und bekanntester; er erhält im selben Jahr die Goldene Palme des Filmfestivals Cannes.

1962 *Boccaccio 70*, dt. *Boccaccio 70*, Episode: *Le tentazioni del dottor Antonio*
Oscar-Nominierung (Drehbuch und Regie) für *La dolce vita*

1963 *Otto e mezzo*, dt. *Achteinhalb*, Großer Preis des Filmfestivals Moskau

1964 Oscar für den besten fremdsprachigen Film und Oscar-Nominierung (Drehbuch und Regie) für *Otto e mezzo*

1965 *Giulietta degli spiriti*, dt. *Julia und die Geister*

1968 *Histoires extraordinaires*, dt. *Außergewöhnliche Geschichten*, Episode: *Toby Dammit*

1969 *Block-notes di un regista*

1969 *Fellini Satyricon*, dt. *Fellinis Satyricon*

1970 *I clowns*, dt. *Die Clowns*

1971 Oscar-Nominierung (Regie) für *Fellini Satyricon*

1972 *Roma*, dt. *Fellinis Roma*

1973	*Amarcord*, dt. *Amarcord*
1975	Oscar für den besten fremdsprachigen Film und Oscar-Nominierung (Drehbuch und Regie) für *Amarcord*
1976	*Il Casanova di Federico Fellini*, dt. *Fellinis Casanova*
1977	Oscar-Nominierung (Drehbuch) für *Il Casanova di Federico Fellini*
1979	*Prova d'orchestra*, dt. *Orchesterprobe*
1980	*La città delle donne*, dt. *Fellinis Stadt der Frauen*
1983	*E la nave va*, dt. *Fellinis Schiff der Träume*
1985	Goldener Ehrenlöwe der Filmfestspiele von Venedig
1986	*Ginger e Fred*, dt. *Ginger und Fred*
1987	*Intervista*, dt. *Fellinis Intervista* Großkreuz des Verdienstordens der Italienischen Republik
1989	Europäischer Filmpreis für sein Lebenswerk

1990 Fellinis vierundzwanzigster und letzter Film ist *La voce della luna*, dt. *Die Stimme des Mondes*, mit Roberto Benigni in der Hauptrolle.

1993 Er erhält den Ehrenoscar für sein Lebenswerk.
Am 31. Oktober stirbt Federico Fellini an den Folgen eines Herzanfalls. In der Folge werden der Flughafen Rimini und ein Asteroid nach ihm benannt.

REGISTER

»Schriftsteller laufen im spontanen Dialog oft zu Hochform auf. Das zeigt eine neue Buchreihe des Zürcher Kampa Verlags.«
Manfred Koch / NZZ am Sonntag, Zürich

KAMPA SALON

Der Ort für die vielseitigsten Gespräche. Mit Ikonen von gestern und heute, großen Denkern, Schriftstellern, Musikern, Filmemachern, Künstlern und anderen bedeutenden Persönlichkeiten

»Das Gespräch ist die lohnendste und natürlichste Übung unseres Geistes.«
Michel de Montaigne

KAMPA SALON

Daniel Kehlmann
Der unsichtbare Drache

Ein Gespräch mit Heinrich Detering

Seinen ersten Roman *Beerholms Vorstellung* verfasste Daniel Kehlmann während seines Studiums in Wien. Ein Literaturkritiker riet ihm, ihn in der Toilette hinunterzuspülen. Seitdem hat er 15 weitere Bücher geschrieben und gilt heute als einer der bedeutendsten deutschsprachigen Gegenwartsautoren. Kehlmann hat sich mit Heinrich Detering zu einem langen Gespräch getroffen. Sie reden über das Spiel mit historischen Figuren, über Geister, die sich in Texte drängeln, über Logik und das Paradoxe, denn: »Einen Drachen muss man dort suchen, wo noch nie einer gesehen wurde.« Kehlmann erzählt von seiner Prägung durch das Theater, von Vorbildern, Schreibgewohnheiten und dem Verfassen des sehr deutschen Romans *Tyll* in der New York Library. Er spricht über den Umgang mit Kritik, Intelligenz als Vorwurf und das Dasein als »Formalist ohne Seele«. Neben Einblicken in sein Werk zeigt sich hier auch der private Kehlmann, Sohn eines bedeutenden Regisseurs und selbst Vater eines Kindes, das seinen Blick auf die Welt und sein Schreiben verändert hat.

»Einer der subtilsten und zugleich witzigsten
Schriftsteller im Europa der Gegenwart.«
The Guardian, London

KAMPA SALON

Peter Bichsel
Was wäre, wenn?
Ein Gespräch mit Sieglinde Geisel

»Ich merke, wie ich immer erst eine Geschichte erzähle, bevor ich Ihre Frage beantworte.« Peter Bichsel ist ein geborener Erzähler. Und das zeigt er auch im Gespräch mit Sieglinde Geisel: »Ihm fällt immer noch etwas ein, womit ich nicht rechne – der Idealfall von Gespräch.« Seit über fünfzig Jahren gilt Bichsel als Meister der literarischen Kurzprosa, fast vierzig Jahre lang hat er die Welt, die Menschen, die Schweiz und die Politik in seinen Zeitungskolumnen betrachtet. Er war Grundschullehrer und Redenschreiber. Querdenker, Raucher und Rotweintrinker ist er noch immer. Über seine *Kindergeschichten* sagte sein Freund Max Frisch: »Nicht bestrickt zu sein, war unmöglich.«

Mehrere Tage lang saßen Peter Bichsel und Sieglinde Geisel zusammen, in Bichsels Arbeitszimmer in Solothurn, in seiner Stammkneipe – und sprachen über alles: über die Vorteile der Mundart für das Schreiben, über Sozialismus und Solidarität, warum er auf die einsame Insel kein Buch mitnehmen würde, warum er an Gott glaubt, wohl wissend, dass es ihn nicht gibt, über die Langeweile im Paradies und die Unmöglichkeit, ohne Geschichten zu leben.

»Peter Bichsel hat sein Werk mit diesem Gespräch fortgesetzt.
Es hätte, rein als Interview, einen Literaturpreis verdient.«
Manfred Koch / NZZ am Sonntag, Zürich

KAMPA SALON

Joan Didion

Dinge zurechtrücken

Gespräche aus vierzig Jahren

Zusammengestellt von
Ann Kathrin Doerig

Dieser Band versammelt die besten Gespräche der »Schriftstellerin und Ikone« (*The New Yorker*) aus vier Jahrzehnten. Joan Didion erzählt von ihrer Kindheit in Sacramento, ihrer Studienzeit in Berkeley, den Jahren in New York und Los Angeles. Sie denkt nach über ihre Ehe mit dem Schriftsteller John Gregory Dunne, seinen unerwarteten Tod und den ihrer Tochter Quintana nur zwei Jahre später – Schicksalsschläge, die sie in ihren Erinnerungsbüchern *Das Jahr magischen Denkens* und *Blaue Stunden* verarbeitete, die schon jetzt als Meilensteine des Genres gelten. Aber natürlich geht es in diesen Gesprächen auch um Literatur, um das Schreiben von Romanen, das dem nicht-fiktionaler Texte so gar nicht gleicht, um das Schreiben als Akt der Notwehr, um Politik und Engagement, Sonnenuntergänge an der kalifornischen Küste, lange Spaziergänge durch New York und vieles mehr. Ein reiches Leben ist hier zu besichtigen und das Werk einer Frau, deren Stil wegweisend war und immer noch ist: »Didion still glitters«, schrieb die *New York Times*.

»Ein aufregend schillerndes Bild der Schriftstellerin.«
Frauke Meyer-Gosau/Süddeutsche Zeitung, München

KAMPA SALON

Billy Wilder
Hat es Spaß gemacht, Mr. Wilder?

Gespräche mit Cameron Crowe

Nach den drei wichtigsten Regeln des Filmemachens gefragt, antwortete Billy Wilder bekanntlich: »Du sollst nicht langweilen, du sollst nicht langweilen, du sollst nicht langweilen.« Und daran hält er sich auch als 93-Jähriger im Gespräch. Niemand ist vor seinem bissigem Humor sicher, ob Marlene Dietrich, »Mutter Teresa mit schöneren Beinen«, Erich von Stroheim, dem er eine Vorliebe für Dessous nachsagt, oder Marilyn Monroe, »ein endloses Rätsel ohne jede Lösung«. Und der Regisseur Cameron Crowe ist ein fordernder Gesprächspartner, der Wilder erhellende Bekenntnisse entlockt, über seine Vorliebe für Schwarzweiß oder seinen Sinn für Ausstattung zum Beispiel. Und Wilder erinnert sich: an seine Jugendjahre in Wien, seine Zeit als Journalist in Berlin und die Emigration in die USA, wo er sich als bettelarmer Drehbuchautor zunächst ein winziges Hotelzimmer mit einem gewissen Peter Lorre teilte – immerhin im Chateau Marmont.

»So offenherzig wie vergnüglich.«
Die Zeit, Hamburg

»Auf jeder Seite finden sich Perlen.«
The Guardian, London

KAMPA SALON

Susan Sontag
The Doors und Dostojewski
Das Rolling-Stone-Interview mit Jonathan Cott

Susan Sontag und Jonathan Cott treffen sich 1978 zum Interview. Erst in Sontags Pariser Wohnung, dann in ihrem Loft in New York. Entstanden ist ein vielseitiges Porträt, das Susan Sontag als große und agile Denkerin zeigt, vor der kaum ein Thema sicher war – Feminismus, Faschismus, Ästhetik, Ideologie, Chuck Berry oder Friedrich Nietzsche – und die sich keinen Deut um die Trennung von Hoch- und Popkultur scherte. Auch in ihr Privatleben gewährt Sontag Einblick und erzählt von ihrer Rolle als Mutter, ihrer Ehe und ihrer Krebserkrankung, die sie zu einer ihrer wichtigsten Publikationen, *Krankheit als Metapher,* veranlasste. Und selbst der Humor, eigentlich nicht Sontags Markenzeichen, kommt in diesem Buch nicht zu kurz.

»Dieses Buch ist ein besonders großes Glück.«
Jens-Christian Rabe / Süddeutsche Zeitung, München

KAMPA SALON

David Bowie
Stardust Interviews

Ein Leben in Gesprächen

Zusammengestellt von
Cornelia Künne und Juliane Noßack

»Ich glaube nicht, dass irgendetwas von dem, was ich in meinem Leben gesagt habe, zitierwürdig ist«, hat David Bowie einmal behauptet. Zu Unrecht, wie dieses Buch zeigt, in dem Bowie die Stationen seines Lebens besichtigt, die vielen Rollen, die er in Vollendung verkörpert hat. Ob als Major Tom, als Ziggy Stardust oder im Frank-Sinatra-Look als Young American – von niemandem ließ Bowie sich vereinnahmen, den Mainstream mied er wie der Teufel das Weihwasser. Er erzählt von seiner Zeit in London, in New York und den Berliner Jahren, in denen er zu neuen musikalischen Ufern aufbrach und endlich seine Kokainsucht überwand, davon, was das Tragen eines Anzugs für das Selbstverständnis des Trägers bedeutet, und von seiner Leidenschaft für die bildende Kunst – er war ein besessener Sammler und selbst ein begabter Maler. Als er 2003 geadelt werden sollte, lehnte Bowie ab: »Ich sehe nicht, was das bringen soll. Dafür habe ich weiß Gott nicht mein Leben lang gearbeitet.« Mit David Bowies Tod 2016 ging eine Ära zu Ende, die in dieser Interviewsammlung noch einmal zum Leben erweckt wird.

»Fulminant.«
Profil, Wien